조선앙의
실전경매
이야기

조선안의
실전경매
이야기

| 조선안 지음 |

프롬북스
frombooks

경매에서 2등은 없다

경제가 어려울 때는 부동산경매에 관한 관심이 높아진다. 일반 매매시장에서보다 훨씬 저렴한 가격에 부동산을 구입할 수 있는 기회이기 때문이다. 따라서 넥타이를 맨 직장인에서부터 유모차를 끌고 나온 가정주부에 이르기까지 경매법정은 발디딜 틈 없이 사람들로 빼곡해진다. 머릿속엔 온통 '싸게 사서 비싸게 팔겠다'는 부푼 꿈들로 가득하다. 하지만 경매시장에서 웃는 사람들은 따로 있다. 그들은 경제의 호·불황에 크게 구애받지 않는다. 유행에도 민감해하지 않는다. 다만 그들은 해박한 지식과 풍부한 실전 경험, 직접 발로 뛰고 직접 느낀 것들을 토대로 다른 사람들이 관심을 갖지 않는 물건을 찾아나선다. 경쟁이 치열한 물건에선 1등을 할 수 없기 때문이다. 경쟁이 없는 블루오션에서 그들은 총력을 경주한다. 경매시장에서 2등에겐 아무런 기회도 없다. 낙찰자는 단 한 사람, 즉 당신이 되지 않는 한 그 어떤 경매도 당신에겐 의미가 없기 때문이다. 그렇다고 해서 무턱대고 아무도 관심을 갖지 않는 물건을 덥석 낙찰받을 수도 없다. 그와 같은 물건엔 커다란 위험이 숨어 있을 가능성이 크기 때문이다. 다만 위험이 있으면 그만한 기회도 존재할 수 있는 가능성에 경매 고수들은 주목한다. 경매 고수들은 물건의 현재가치보단 미래가치, 터무니없이 싼 가격보단 합리적으로 저평가된 물건들을 발굴하는 데 노력을 기울인다. 이 같은 노력이 곧 '싸게 사서 비싸게 팔겠다'는 꿈을 이루어주는 데 가장 효과적인 무기가 된다.

이 책은 경매 고수들의 실전사례들을 바탕으로 집필되었다. 부동산경매에 관한 관심은 매우 높지만, 경매에 대해 차근차근 쉽게 배울 수 있는 책은 많지 않다. 대부분 딱딱한 부동산 용어나 이론으로 채워져 있기에 경매에 입문하는 독자들은 고개를 절레절레 흔들며 결국 완독을 포기하고 만다. 따라서 이 책에선 독자들의 이해를 쉽게 하기 위해 소설적 이야기 구조를 차용하여 부동산경매의 풍부한 성공사례들을 담았다. 교과서적인 지식을 전달하기보다는 실전에서 벌어지는 생생한 현장 분위기와 감각을 전달하는 데 주력했다. 교과서적 지식의 습득은 경매에서 매우 중요한 공부다. 하지만 이론적 지식을 실전에서 어떻게 적용하고 응용하는지를 배우는 것도 무엇보다 중요한 공부다. 초보자들이 경매에서 실패하는 가장 큰 이유는 지식의 부족이 아니라 경험의 부족 탓이다. 따라서 이 책은 경매 고수들의 흥미진진한 실전 경험을 그 숨소리 하나하나까지 전달하고자 노력했다. 이를 통해 초보 투자자들의 가장 큰 맹점인 경험 부족을 보완하는 데 충실하고자 했다.

2등이 아니라 반드시 1등이 되고 말겠다고 결심한 경매 투자자들에게 이 책이 가장 지혜로운 멘토가 되어주기를 진심으로 바라마지 않는다.

마지막으로 이 책을 집필하는 데 따뜻한 도움과 격려를 주신 장유정 님과 윤대현 님께 깊은 감사를 드린다.

조선안

조선안의 실전경매 이야기
차례

조선안의
실전경매 이야기

경매가 인생을 바꾼다

"오 사장님, 저로서도 어쩔 수 없습니다. 리먼 브라더스 파산 사태로 모든 대출이 중단됐습니다."

"무슨 소리야? 대출이 중단됐다니?"

석환은 깜짝 놀란 눈으로 중앙은행 공석진 차장의 얼굴을 바라보았다.

"미국 발 서브 프라임 모기지 부실 때문에 지금 전세계가 자금경색으로 난리가 났습니다. 신규대출은 고사하고 기존 대출금도 모두 회수하라고 윗선에서 아우성입니다, 오 사장님."

서브 프라임 모기지는 뭐고 리먼브라더스는 또 뭔가… 석환은 공 차장이 지금 무슨 말을 하는지 도통 알아들을 수 없었다. 분명한

건 평소 호형호제하며 간이라도 꺼내줄 듯 친했던 공 차장이 꼬박
꼬박 '오 사장님'이라고 부르며 예전에 약속했던 대출이 불가능함
을 일방적으로 통보하고 있다는 사실이다.

아닌 밤중에 날벼락도 분수가 있는 법이거늘, 석환은 눈앞이 캄
캄했다.

"공 차장, 추가대출이 이루어지지 않으면 우리 공장은 문을 닫을
수밖에 없네. 자네도 잘 알잖은가, 내가 언제 이자 한번 밀린 적이
있었나? 정해진 날짜에 단 하루도 어기지 않고 정확히 입금했잖은
가! 대통령도 눈만 뜨면 제조업체에 대출해 주라고 하는데, 대체 왜
못해준다는 거냐고!"

석환의 절박하고 격한 목소리에 은행 안에 있던 사람들이 힐끗
힐끗 그를 돌아보았다. 공 차장은 낮고 단호한 목소리로 말했다.

"이미 말씀드렸다시피 추가대출은 안 됩니다. 오 사장님과의 옛
정을 생각해서 기존 대출금의 회수는 최대한 유예시켜보겠습니다.
제가 해드릴 수 있는 일은 그것뿐입니다. 죄송합니다."

멍하니 앉아 있는 석환의 눈길을 외면하며 공 차장이 벨을 눌
렀다.

"191번 고객님!"

한 중년의 사내가 석환의 곁으로 다가와 공 차장에게 번호표를
내밀었다. 석환은 맥없이 자리에서 일어났다. 출입문을 향해 힘없
이 걷는 그의 모습을 젊은 청원경찰이 바라보고 있었다. 눈물이 났

다. 석환은 입술을 지그시 깨문 채 은행 문을 밀고 빠져나왔다.

그동안 공석진에게 들인 돈도 적잖았다. 사흘이 멀다하고 직간접적으로 요구하는 술값이며 밥값이며, 하다못해 그의 여름휴가 비용까지도 석환은 기꺼이 대주었다. 보름 전까지만 해도 '다른 사람은 몰라도 형님한테는 대출해 드리겠다!'고 외치던 그가 아니었나. 그런 그가 입 싹 닦고 오리발을 내밀었다. 석환은 분한 마음을 억누를 길이 없었다. 이제 어음 부도는 정해진 수순일 거고, 문제는 당좌를 끊어놓은 것이었다. 당좌수표를 부도내면 형사책임을 져야 한다는 것을 석환은 잘 알고 있었다. 공장장을 비롯해 직원들 밀린 월급이며 공장 임대료며… 아득해진 석환은 눈을 감고 이마를 짚었다.

그때 석환의 휴대폰 벨이 울렸다. 푸른 액정화면에 아내 유경의 전화번호가 떴다.

"당신이 이 시간에 웬일이야?"

"여보… 방금 법원에서 사람들이 왔다 갔어요. 이것저것 물어보더니 우리 집이 경매가 시작됐다고… 권리신고를 하래요."

전화기 너머로 유경의 울먹이는 목소리가 들려왔다.

"뭐? 경매?"

석환은 도무지 정신을 차릴 수가 없었다.

"집주인한테선 연락 없었어?"

"없었어요…"

유경은 터져 나오는 울음을 겨우 참는 듯했다.

"알았어, 너무 걱정하지 마, 내가 알아볼게. 별 일 없을 거야."

전화를 끊고 난 석환은 횡단보도 옆 가로수에 몸을 기댔다. 불행은 언제나 한꺼번에 찾아온다는 사실을 석환은 절감했다.

'도대체 내게 지금 무슨 일이 일어나고 있는 건가…'

망연자실한 석환은 한동안 오가는 차량들만 물끄러미 바라보았다. 문득 딸아이의 웃는 얼굴이 신기루처럼 나타났다가 사라졌다. 석환은 심호흡을 하며 정신을 추슬렀다. 그러고는 휴대폰 전화번호부를 뒤졌다. 문동진,이라는 이름이 석환의 눈에 들어왔다. 동진은 법률사무소에서 일하고 있는 학교 선배였다. 석환은 급히 그의 번호로 전화를 걸었다.

"선배님, 저 석환입니다. 몇 시에 퇴근하세요? 저녁에 술 한잔 할 수 있어요?"

"아, 그래. 오랜만에 얼굴 좀 볼까?"

동진 선배라면 내게 뭔가 해답을 줄 수 있을 것 같았다. 그는 법률에 관해 해박한 지식을 갖고 있었다. 그간 공장을 운영해 오며 그에게 유용한 자문을 받은 적도 많았다.

석환은 지푸라기도 잡아야 하는 심정이었다.

'그래, 정신 단단히 차리자. 호랑이에게 잡혀가도 정신만 차리면 산다고 하지 않는가!'

한 걸음, 한 걸음, 그는 힘주어 걸었다. 오후의 따가운 햇살이 그의 낡은 구두코 위에서 반짝이고 있었다.

"오랜만입니다, 선배님!"

석환과 동진은 부천법원 근처, '가등街燈'이라는 작은 바에 자리를 잡고 나란히 앉았다. 일본풍의 분위기에 일본식 청주와 소주가 정갈하게 진열되어 있었고, 꽤 많은 퓨전 요리들이 메뉴판을 채우고 있었다. 실내엔 사이먼 가펑클의 올드 팝이 잔잔하게 흐르고 있었다.

"그래, 요즘 재미는 어때?"

동진이 물수건의 비닐 포장을 벗겨내며 물었다.

"솔직히 말씀드리면, 정말 죽지 못해 살아요."

"흠… 세계적인 금융위기 탓에 만나는 사람들마다 얼굴에 수심이 가득하군. 자네도 무척 힘든 모양이야?"

동진이 고개를 끄덕이며 부드러운 시선으로 석환을 바라보았다.

"말도 마세요. 오늘 낮에도 대출 때문에 은행 가서 바짓가랑이 붙잡고 하소연하다 왔지만, 허탕만 쳤어요."

"버티기가 쉽지 않은 시절이지, 자네도 걱정이 많은가보군."

석환은 힘없이 고개를 떨궜다. 그러다가 문득 생각났다는 듯 고개를 들었다.

"그나저나 선배님, 제가 지금 살고 있는 아파트에 경매가 들어왔다는데, 어떻게 되는 건가요?"

"경매? 월세로 들어가 있다는 그 아파트?"

"네."

"언제?"

"오늘 법원에서 사람들이 왔다갔어요."

동진은 잠시 턱을 괸 채 생각에 잠겼다가 다시 입을 열었다.

"그렇다면, 배당요구를 해야 돼."

"배당요구요?"

"자네 임대보증금 있잖아. 경매가 끝나면 그걸 법원으로부터 받아야 하는데, 그러려면 배당신청을 반드시 해야 돼."

석환이 뒷머리를 긁적이며 부끄러운 듯 말했다.

"선배님, 제가 말이죠. 경매 용어를 전혀 몰라요. 법원 사람들이 권리신고를 하라고 하는데, 대체 제가 무슨 권리를 가지고 있는 건가요? 또 그 권리를 어디에 어떻게 신고해야 하는지도 몰라요."

동진이 자신의 무지함에 어쩔 줄 몰라하며 붉게 달아오른 석환의 얼굴을 바라보다가 빙그레 미소를 지었다.

"맨 처음 이사하기 전에 임대차계약서는 작성했지?"

"네, 물론이에요. 부동산에서 집주인과 제가 직접 작성하고 서명했어요."

"계약서에 확정일자는 받았나?"

"확정일자요? 그게 뭐에요?"

동진은 절로 한숨이 나왔다. 사업을 한다는 사람이 이렇게 세상 물정을 모르고 허술하다니, 참으로 딱한 일이 아닐 수 없었다.

"확정일자가 뭔지도 모르는 걸 보니, 안 받은 모양이네. 흠, 그럼 임대보증금은 얼마지?"

"4,000만원이예요."

"자네가 경매에 대해 워낙 기초지식이 없으니 여기서 더 얘기를 진행하는 건 별 의미가 없겠네. 지금 살고 있는 아파트의 부동산등기부등본과 임대차계약서 사본을 갖고 내일 낮에라도 우리 사무실로 오게나. 그때 자세하게 이야기하자고. 아직 시간이 있으니까 너무 걱정 말게. 자, 오늘은 모처럼 만났으니 술이나 마시자고."

때마침 주문한 술과 안주가 두 사람 앞에 놓여졌다. 그와 동시에 30대 중반쯤 되어보이는 여성이 두 사람 앞에 앉았다.

"여기 사장님이신가요?"

동진이 미소를 띤 채 물었다. 그러자 그녀 또한 얌전한 미소를 지으며 대답했다.

"네, 제가 직접 운영하고 있습니다."

"혼자 운영하시는 거예요?"

"아니에요. 아직 시간이 일러 주방 아주머니와 아르바이트 학생이 출근 전이에요. 그래서 안주가 좀 늦어졌어요. 호호, 죄송합니다."

석환은 동진이 따라준 술잔을 단숨에 비웠다. 몹시 속이 탔지만 현재로선 별 뾰족한 대안이 없었다. 어쨌든 석환의 입장에선 동진에게 도움을 구하는 것 외엔 달리 선택할 길이 없었다.

석환과 동진은 골치 아픈 일은 잠시 미뤄두고 서로 술잔을 권하며 이야기꽃을 피웠다. 두 사람 앞에 앉아 있는 여주인은 책을 펴든 채 간간이 두 사람 이야기에 미소를 짓곤 했다. 그러다가 잠시 술잔을 들어 목을 축이던 동진이 눈을 빛내며 여주인에게 물었다.

"어라? 사장님, 부동산경매에 관심이 있으신가봐요?"

"네? 아, 네. 호호, 그냥 조금 관심이 있어요."

그때서야 비로소 여주인은 펼쳐든 책을 접어 한켠에 밀어놓았다. 그 책은 바로 경매물건을 소개하는 경매정보지였다. 최근에는 부동산경매 시장에 많은 사람들이 관심을 갖고 있는 터라 여자가 경매투자를 한다고 해도 이상할 것이 없지만, 예전에는 무릇 경매란 법률지식을 갖춘 전문인력이나 조직폭력배들이 하는 것으로 치부되던 시절이 있었다. 그런 시절엔 마치 항구에서 경매꾼들이 가장 높은 가격을 제시한 사람에게 생선을 파는 것과 같은 '호가경매'가 부동산경매의 주된 방식이었다. 즉 하나의 부동산 경매물건에 대해 가장 높은 가격을 제시한 사람이 낙찰을 받는 것이다. 이같은 호가경매에서는 '담합'이 성행했다. 경매에 참여한 사람들끼리 서로 짜고 물건을 서너 차례 유찰시킨 후 터무니없이 낮은 가격으로 낙찰을 받아 저마다 폭리를 취했던 것이다. 이런 까닭에 부동산경매에 대해 일반인들의 인식은 매우 부정적이었다.

"경매정보지까지 탐독하시는 것 보면 그냥 조금 관심이 있으신 게 아닌 것 같은데요? 실제로 투자도 좀 하시나요?"

동진이 흥미롭다는 듯 여주인에게 물었다.

"에궁, 민망하네요. 아주 조금 투자도 하고 있어요."

"그래, 재미는 좀 보셨어요?"

"아는 분이 재개발쪽 다세대를 추천해서 투자했는데 나쁘진 않았어요. 지금은 상가쪽에도 관심을 갖고 있어요. 이 가게도 제가 시험 삼아 투자해 보고 있고요."

잠자코 두 사람의 얘기만 듣고 있던 석환이 불쑥 대화에 끼어들었다.

"여기 이 분은 경매분야에서 아주 유명한 분입니다. 투자자들 상대로 경매 강의도 하시는 문동진씨라고."

부동산경매는 잘만 하면 높은 수익을 올릴 수 있다. 고수익의 비법은 '경험'을 통해 습득된다. 따라서 처음 경매에 입문한 초보투자자들은 경매고수를 만나면 무척 반가워하게 마련이다. 고수들을 직접 만나 그들이 실제로 경험한 성공사례를 전수받는다는 건 천금을 주고도 얻지 못할 기회이기 때문이다.

"어머, 그러세요? 이렇게 뵙게 되어 영광이에요. 저는 장윤정이라고 합니다."

아니나 다를까, 그녀는 반짝반짝 눈을 빛내며 동진에게 큰 관심을 기울였다. 동진이 쑥스럽다는 듯 얼굴을 약간 붉히며 윤정에게 가볍게 목례를 건넸다.

동진은 윤정이 상가에 관심을 갖고 있다고 했을 때 약간 의아했다. 상가는 낙찰을 받았다가 임대가 나가지 않으면 비어 있는 상태에서도 건물관리비를 부담해야 하기 때문에 지출이 많다. 그런 이유로 상가의 낙찰률은 매우 낮다. 종종 초보투자자들이 최초입찰가에서 큰 폭으로 떨어진 상가를 싼맛에 별 생각 없이 낙찰받았다가 낭패를 보는 경우도 생겨난다. 보아하니 초보투자자 같은데, 상가쪽에 관심을 갖고 있다고 하니 동진은 윤정이 처음 보는 사람이긴 하지만, 왠지 좀 걱정스러웠다.

"선배님, 뭘 그렇게 골똘히 생각하세요? 그나저나 부동산경매로 정말 짭짤한 수익을 올릴 수 있나요?"

생각에 잠겨 있던 동진은 석환의 물음에 헛기침을 하며 정신을 가다듬었다.

"경매는, 경매를 당하는 편에서는 가지고 있는 부동산을 잃거나 살고 있는 집을 잃게 되므로 매우 불행한 일이지만 다른 한편으로는 빚을 갚는 절차가 되는 거고, 채권자 입장에서는 빚을 받을 수 있는 기회를 얻는 거지. 그리고 경매에 참여하는 입찰자는 좋은 부동산을 저렴하게 살 수 있고, 또 저렴하게 사는 만큼 높은 수익을 올릴 수 있지."

"경매라… 그거 사실 망한 사람 재산 가로채는 거 아닌가요? 마치 세렝게티 초원에서 상처 입은 누우를 숨넘어가기 전에 달려들어 포식하려는 맹수들이나, 망한 사람 거 잡아서 수익을 올리는 경매꾼들이나 다를 게 뭐 있어요?"

석환이 냉소적인 어투로 화난 사람처럼 말했다. 자본주의 사회에서 돈 없는 사람은 약육강식의 세계에서 늘 희생양이 되고 말 뿐이라는 생각에 석환은 다시 술잔을 단숨에 들이켰다.

"아니죠."

석환의 말을 정면으로 부인하고 나선 건 동진이 아니라 윤정이었다.

"예?"

급작스런 윤정의 돌출 행동에 석환은 잠시 당황했다. 놀라기는 동진도 마찬가지였다. 생각보다 당돌한 여자였다.

"결례되는 말씀이지만…"

윤정은 잠시 뜸을 들이며 동진과 석환을 번갈아 쳐다보았다. 손님들 대화에 갑자기 끼어든 윤정이 불쾌하진 않았다. 동진과 석환은 불쾌함이 아니라 호기심 어린 눈초리로 윤정의 다음 말을 기다렸다.

"'경매는 망한 사람의 재산을 헐값에 잡으려는 허튼수작에 불과하다, 채무자는 망한 사람이니까 불쌍하다, 그래서 난 경매를 안 한다.' 이렇게 말씀하시는 분들이 많은 것도 사실입니다. 하지만 세상사람들이 대부분 이 같은 생각을 갖고 있다면 어떻게 되겠어요?"

윤정은 담담한 어조로 말을 이어나갔다. 처음에 석환의 일행을 맞이해주었던 친절하고 다소곳했던 여주인의 모습은 찾아볼 수 없었다.

"한번 유찰된 경매물건은 다음 회차에서는 가격을 내려서 다시 경매를 하게끔 법에 규정되어 있습니다. 유찰이 반복되면 가격은 자꾸 떨어지겠죠? 그러다가 바닥까지 떨어지면 그때는 누군가가 낙찰을 받겠죠? 그런데 사람들은 집이 경매로 넘어가면 빚이 저절로 해결되는 것으로 잘못 알고 있어요. 경매를 당했다고 해서 빚이 그냥 탕감되는 게 아닙니다. 경매에서 팔린 가격만큼만 빚을 갚게 되는 거고, 빚이 남으면 또 갚아야 합니다. 그렇기 때문에 경매에서는 제 가격을 받는 게 무엇보다 중요하죠. 경매물건이 제 가격을 받으려면 많은 사람들이 경매에 적극적으로 참여를 해야 합니다."

과연 듣고 보니 그랬다. 경매에 전혀 문외한이었던 석환도 유경의 정연한 논리에 고개를 끄덕이지 않을 수 없었다.

"맞는 말씀이십니다. 경매에 참여하는 투자자들만큼이나 경매를 당하는 입장에 있는 사람도 경매에 대해 해박한 지식을 갖춰야 합니다. 지금은 비록 경매를 당하는 입장이지만, 언젠가는 경매를 통해서 다시 재기할 수도 있으니까요. 하하, 장 사장님 보통이 아니시군요."

동진은 감탄한 듯 무릎을 치며 윤정을 바라보았다.

"어머, 죄송해요. 제가 공자님 앞에서 문자를 썼나 봐요, 호호."

동진의 칭찬에 윤정은 얼굴에 가벼운 홍조를 띄워보였다.

'경매를 통해 다시 재기할 수도 있다…'

석환의 가슴에 '재기'라는 두 글자가 깊숙이 새겨졌다. 경매가 뭔지는 잘 몰라도, 어쩐지 경매가 자신의 인생을 다시 일으켜 세울 수 있는 기회가 될지도 모른다는 막연한 예감이 들었다.

동진과 석환의 술잔 속으로 밤이 조금씩 깊어지며 저물어갔다.

이튿날 아침, 석환은 임대차계약서 사본을 챙긴 후 서둘러 구청을 향해 발걸음을 옮겼다. 지난밤 숙취 탓에 머리가 아팠지만 하릴없이 구들장을 지고 있을 여유가 없었다. 공장도 공장이지만, 일단 임대보증금부터 건지고 볼 일이었다. 식구들이 길거리에 나앉을 수는 없는 노릇이었다. 석환은 구청에서 부동산등기부등본을 발급받아 동진의 사무실로 향했다.

"이거 어쩌나… 안됐네만, 자네가 법원으로부터 배당받을 수 있는 돈은 1,600만원뿐이네."

석환이 가져온 서류를 한참 동안 살펴보던 동진이 길게 한숨을 쉬었다. 석환이 살고 있는 부천 원미구 상동에 위치한 아파트는 '선순위先順位 근저당권'으로 2억원, 차순위로 8,000만원이 설정되어 있었다. 아파트 시세는 3억원에 달했다. 하지만 낙찰가가 시세에 못 미치는 경매의 특성상 잘 받아야 2억 7,000만원 언저리에서 낙찰가가 정해질 터였다. 그렇다면 확정일자를 교부받지 못한 석환이 법원에서 우선배당을 받기란 불가능하다. 다만 주택임대차보호법상 소액임차인을 위한 최우선변제 규정에 따라 1,600만원만 배당받을 수 있게 된다.

만약 석환이 전입신고를 하는 날 확정일자를 교부받았다면 차순위 근저당권 설정일보다 2개월이 앞선 석환이 보증금 4,000만원을 모두 배당받을 수 있었을 것이다. 현행 주택임대차보호법은 '대항력'을 갖춰야만 법률에서 정한 순위에 따라 배당을 해주도록 규정되어 있는데, 임차인이 대항력을 갖추려면 입주와 전입신고를 마치고 확정일자를 반드시 교부받아야만 한다.

"그럼 나머지는 어디서 받을 수 있어요?"

그때까지 석환은 임대보증금 전액을 누구에게 받아도 받을 수 있을 것이라 생각하고 있었다.

"집주인에게 받아야지."

"그 사람 지금 교도소에 있어요."

집주인은 중국을 드나들며 무역업을 했었다. 중국에서 물건을 싸게 들여와 국내 시장에 풀어 쏠쏠한 재미를 보자, 여기저기 남의 돈을 끌어다 많은 물건을 사서 중간상을 통해 국내 시장에 풀었는데, 중국산 물건이 허접하고 품질이 엉망이라는 소문이 돌면서 점차 물건도 팔리지 않았을 뿐더러 중간상이 수금한 돈을 갖고 잠적을 하는 바람에 차용한 돈도 갚지 못하였다. 결국 투자한 사람들에게 고소를 당해 실형을 선고받고 인천교도소에서 복역 중이었다. 처음에는 임대보증금 4,000만원은 걱정 없다고 생각했었는데 동진과의 대화가 진행되면서 석환은 깊은 불안감을 느꼈다. 정확하게 결과가 보이는 불안감이 아니라 그냥 느껴지는 불쾌한 불안감. 석환이 얻은 아파트는 보증금 4,000만원에 월세 80만원으로 공장이 제대로 돌아갈 때는 별 어려움 없이 임대료를 낼 수 있었다. 그래서 지금껏 어떻게든 공장을 안정된 기반 위에 올려놓는 데 주력했을 뿐, 내집마련과 같은 꿈은 엄두도 못내왔다.

"별도로 저축해 놓은 돈은 있고?"

"없어요. 요즘 먹고 죽으려 해도 없는 게 돈이잖아요."

동진은 석환을 연민의 눈초리로 바라보았다. 요즘 세상에 1,600만원으로 임대주택을 얻기란 쉽지 않다는 건 석환도 잘 알고 있었다. 확정일자 하나 받지 않은 죄로 2,400만원을 날려버릴 수도 있는 상황에 처한 석환은 몹시도 속이 싱하고 억울했다.

"자, 자, 이런 때일수록 정신 바짝 차려야 하네. 하늘이 무너져도 솟아날 구멍이 있다고 하지 않은가. 나도 자네를 도울 수 있는 방법이 없는지 백방으로 한번 생각해보겠네."

"흑, 말씀만으로도 정말 고맙습니다, 선배님."

석환은 자신도 모르게 흐르는 눈물을 애써 감췄다.

"이건 배당요구서네. 자네 도장을 찍고 임대차계약서 사본하고 주민등록등본 한 통을 첨부해서 부천법원 경매계 접수창구에 제출하게나."

동진은 법원에 제출할 것과 부동산등기부등본, 그리고 임대차계약서를 따로따로 서류봉투에 넣어 석환에게 건네주었다. 석환은 동진이 시키는 대로 동사무소에 들러 주민등록등본을 발급받아 배당요구서에 첨부해 부천법원으로 가 접수를 마쳤다.

터벅터벅 법원을 빠져나오면서 석환은 그 누구보다 아내에게 미안했다. 가진 것 없는 남자 만나 죽도록 고생하면서도 불평 한번 하지 않았던 아내였다. 대체 이 사실을 어떻게 아내에게 알려야 할지 석환은 정말 난감했다. 그때 석환의 휴대폰 벨이 울렸다.

"여보, 지금 어디에요?"

"법원에 와 있어. 여보, 정말 미안해…"

석환은 유경에게 저간의 상황을 울먹이며 설명해 주었다.

"여보, 듣고 있어?"

"듣고 있어요. 어느 정도 짐작은 하고 있었어요. 희정 아빠, 너무 상심하지 마요. 사람이 죽으라는 법은 없어요. 희정이 생각해서라도 우리 기운 내고 다시 뛰어요. 그래도 우린 아직 젊고 건강하잖아요. 언젠간 옛말하며 웃는 날이 올 거예요."

"흐흑, 여보…"

석환은 자신을 위로하는 아내에게서 한없는 고마움을 느꼈다.

'그래, 반드시 재기하는 거야. 기필코 다시 일어나서 세상에 복수하는 거야!'

마음을 다잡은 석환은 공장을 향해 힘찬 발걸음을 옮겼다.

공장에서는 사출기 돌아가는 소리가 들리지 않았다. 석환이 안으로 들어가 보니 평소 5명이던 작업인원이 두 명뿐이었다. 한 사람은 공장장 하성우였고 다른 한 명은 하성우가 항상 데리고 다니던 유성길이었다. 둘은 불어터진 라면을 가운데 두고 소주를 마시고 있었다.

"아! 나타나셨네. 어떻게 된 거예요? 언제 줄 겁니까?"

"공장장이 내 사정 잘 알잖아? 조금만 기다려봐."

별다른 대책이 있을 리 없는 석환으로서는 늘상 해오던 말로 달 랠 수밖에 없었다.

"뭘 더 기다리라는 겁니까!"

"은행에 부탁을 해놨으니 조금만 더 기다려보자고."

"돈 줄 생각은 안 하고 매일 은행 타령만 하고 있으면 어떻게 할 거냐고요!"

"내가 있으면서 안 주는 것도 아니잖아. 좀 기다려야지, 어떻게 하겠어?"

"기다리는 것도 한도가 있지, 언제까지 기다리라는 겁니까!"

"은행돈 나올 때까지만 참자고."

"공 차장하고 통화했어요. 대출 안 되는 거 뻔히 아는데 자꾸 거 짓말 할 거예요?"

"공 차장 있는 데만 은행이 아니잖아?"

"여러 말 할 거 없어요. 사출기하고 금형, 우리한테 넘겨요."

아무리 사출기가 중고라 해도 금형과 같이 가격을 친다면 대당 600만원은 한다. 넉 대 모두 처분하면 2,400만원은 충분히 받을 수 있다. 하지만 체불임금과 밀린 공장 임대료, 그리고 자재 값 미지급 된 것을 합하면 2,400만원으로는 모자란다. 그래서 석환은 기왕 모 자라는 거 밀린 임금이나 주자고 생각했었다. 그런데 오늘 하성우의 불손한 태도를 보니 그럴 마음이 싹 가셨다. 경기가 좋지 않아 이 모양이 된 걸 뻔히 알면서도 차갑게 등을 돌리는 공장장이 석환은 몹시도 야속했다.

"그렇게 못하겠다면? 그렇게 못하겠다면 어떻게 할 건데!"

참고 참았던 석환의 분통이 터져 나왔다. 그는 공장장을 매서운 눈초리로 노려보았다.

"사장님도 힘든 건 알지만, 우리도 오죽하면 이러겠어요."

마치 싸울 듯이 다가서는 석환의 모습에 공장장도 당황했는지 태도를 누그러뜨렸다. 석환은 잠시 공장장의 얼굴을 뚫어지게 쳐다보았다.

"그래, 알아서들 해."

석환은 자포자기의 심정으로 그들의 요구를 들어주었다. 사출기를 양보한다는 건 결국 망했다는 것을 의미했다. 하지만 그는 한시 바삐 그곳을 벗어나고만 싶었다.

동진의 말대로 석환이 살던 아파트가 낙찰되었다는 소식이 있은 지 두 달쯤 흘렀을 때 법원으로부터 배당금을 수령하라는 통지가 왔다. 배당을 받기 위해 법원에 도착한 석환은 낯선 분위기가 생경스럽게 느껴졌다. 차례를 기다리느라 법정 안 의자에 앉아 이런저런 상념에 잠겨 있던 석환은 별안간 어떤 여자의 날카로운 비명을 들었다. 그는 날카로운 금속성 목소리가 들려오는 곳으로 고개를 돌렸다. 40대 초반의 행색이 초라한 여자가 정장차림의 젊은 사내의 멱살을 잡아 흔들고 있었다.

"이 자식아! 내가 왜 가장임차인이냐!"

그녀는 절규에 가까운 소리를 질러대다가 곧 원내 청원경찰에게 끌려 나갔다. 멱살을 잡혔던 젊은 사람은 은행직원이고, 그녀는 은행으로부터 배당배제신청을 당해 배당에서 제외되었다고 한다. 그래서 그 분풀이를 은행직원에게 퍼부어댄 것이다.

"이걸 가지고 어디로 가야 하나요?"

이윽고 자신의 차례가 된 석환은 배당표를 받아든 채 법원직원에게 물었다.

"총무과로 가세요."

직원은 무뚝뚝한 표정으로 A4 용지 크기만 한 서류를 석환에게 건네주고는 다음 사람을 호명했다. 마치 석환은 그 직원이 기계 같다는 생각이 들었다. 그는 더 이상 물어보지도 못한 채 바쁜 법원직원을 뒤로하고 법정을 나와 어렵사리 총무과를 찾아갔다. 총무과에 들른 후 다시 은행에 가서야 석환은 배당금을 수령할 수 있었다. 석환이 배당금을 받아 집에 도착하자, 어디서 소식을 들었는지 많은 채권자들이 그의 집에 몰려들기 시작했다. 그 가운데에는 낙찰자도 있었다. 낙찰자는 50대 중반의 여성으로 하얀 피부에 인자한 모습이었다. 하지만 그녀의 표정에는 당황한 빛이 역력했다. 배당금을 받으면 즉각 집을 비워주겠다고 하여 명도확인서를 미리 써주었으나 막상 와서 보니 배당금을 받았음에도 짐을 싼 흔적이 없자 몹시 걱정이 되는 것 같았다. 석환은 '사흘 안으로 반드시 비워주겠다'는 각서를 써주고 낙찰자를 돌려보냈다. 그런데 그런 석환을 가장 걱정스럽게 바라본 사람은 석환이 발행한 당좌수표를 갖고 있는 곽명주 사장이었다.

평소 큰형님처럼 석환을 보살펴주고 성실하다고 칭찬을 아끼지 않아온 터라 더욱 미안하고 민망했다. 임금 체불된 것은 사출기와 금형을 넘겨주면 그럭저럭 수습될 수 있을 것 같았다. 공장의 밀린 월세는 보증금으로 상쇄하면 큰 금액이 아닌 터라 돌발 사태는 벌어지지 않을 것이었다. 자재 값은 납품하고 받지 못한 물건 값을 대신 받을 수 있도록 넘겨주면 되기 때문에 별 걱정이 되지 않았다. 하지만 1억 1,600만원짜리 당좌수표는 석환으로선 도저히 어찌해 볼 도리가 없었다.

'아, 공장도 문을 닫고 결국 철창신세까지 져야 하는가…'

석환은 매우 심란했다. 일단 배당받은 돈을 주고 나머지는 말미를 달라고 사정을 할까도 생각해 보았다. 하지만 그렇게 되면 가족들은 꼼짝없이 길거리에 나앉아야 할 터였다.

"그동안 자네가 내게 보여준 성실성 하나만 믿고 일단은 부도방을 찍지 않을 생각이네. 그리 알고 앞으로 5개월 안에 찾아가기 바라네."

말을 마친 곽 사장은 뒤도 돌아보지 않고 돌아서 나갔다. 석환은 곽 사장의 행동이 너무나 뜻밖이라 믿어지지 않았다. 하지만 분명히 그는 일단은 시간을 준다는 약속을 하고 돌아간 것이다. 비록 한시적이긴 하지만 가장 어렵고 민망했던 일이 의외로 무난히 해결되자 석환은 마음이 한결 가벼워졌다.

"여보… 이제 어떻게 해야 하죠?"

간헐적으로 찾아오던 채권자들은 밤 10시가 되어서야 발길이 끊어졌다. 유경이 착잡한 심정으로 석환을 쳐다보았다. 석환은 딱히 대답이 될 만한 것을 찾지 못했다. 아니, 입이 열 개라도 할 말이 없었다. 1,600만원을 갖고 요즘 세상에 무엇을 할 수 있단 말인가.

"미안해 여보, 나도 지금 경황이 없네. 일단 이 집을 비워주고 봐야겠지."

"저도 많이 생각해봤어요. 이렇게 하는 건 어때요? 제가 희정이 데리고 엄마한테 가 있을 게요."

"장모님 댁에?"

"네. 오진이가 사귀는 아가씨를 엄마한테 데리고 왔대요. 아마 결혼할 생각이 있나 봐요. 사귀는 아가씨가 현재 임신중이라네요. 그래서 결혼을 서둘러야겠다고 하네요. 오진이가 분가해서 나가면 엄마 혼자 계시잖아요. 그러니까 희정이랑 나랑 우선 엄마한테 가 있을게요. 엄마도 좋아하세요."

오진이는 유경의 남동생으로 석환의 처남이다. 석환은 처남의 결혼 소식에 다시 마음이 슬퍼졌다.

"그렇군. 하나밖에 없는 처남이 결혼한다는 데 내가 도움은 못줄 망정 이런 꼴을 보이다니, 정말 식구들 볼 면목이 없네."

유경이 잔뜩 움츠러든 석환의 어깨를 다정하게 토닥였다.

"열심히 살다보면 좋은 날이 꼭 올 거예요. 기운 내요, 여보. 그리고 이건…"

유경이 문갑 서랍을 열어 하얀 봉투를 꺼내 석환에게 건넸다.

"이게 뭐야?"

"많지는 않지만, 어려울 때 쓰려고 조금씩 조금씩 모아둔 비상금 이에요. 300만원쯤 될 거예요. 당신 필요한 데 쓰세요."

"아, 여보…"

유경이 건넨 하얀 봉투 위로 석환의 눈물이 툭 툭 떨어졌다.

"일단 그 돈으로 기거할 곳을 좀 찾아보세요. 그리고 우리에게 남은 이 1,600만원은 어떻게든 쓰지 않고 제가 은행에 넣어놓고 있을 게요. 생활하다가 모자라거나 돈이 필요하면 언제든 말씀하시고요. 우리 세 식구 다시 만나 한 집에서 살 때까지 용기 잃지 말고 열심히 살아요."

석환은 유경의 손을 따뜻하게 잡았다.

"내 분명히 약속하지. 당신과 희정이, 반드시 행복하게 만들어주리다. 날 믿어줘요. 고마워, 여보."

유경과 석환은 서로의 어깨를 누가 먼저랄 것도 없이 감싸 안았다.

식구들을 시골 처가로 내려보낸 석환은 간단한 짐만 챙겨 변두리 고시텔에 자리를 잡았다. 한 평 반 남짓한 좁은 방에 책상 하나 놓으면 간신히 잠만 잘 수 있는 협소한 공간이었지만, 석환은 다시 재기하겠노라 굳게 다짐하고 또 다짐하며 이를 악물었다.

'부자가 되자! 그 누구도 넘볼 수 없는 돈을 벌자! 결코 내 딸에게 가난을 대물림하지 말자!'

투자자가 꼭 알아야 할
경매용어

● **배당요구**

채권자 및 임차인 등 경매집행에 참가하여 변제를 받고자 하는 자는 법원에 배당요구 신청을 해야 한다. 2002년 7월 1일 이후부터는 법원이 직권으로 배당요구종기일을 정하여 공고를 하고 그 기간 내에 배당요구를 하여야 한다. 특히 임차인이 이 종기일을 넘길 때에는 일체의 배당에 참여할 수 없다.

● **호가경매**

호가경매는 호가경매기일에 매수신청의 금액을 서로 올려가는 방법으로 한다. 매수신청을 한 사람은 좀더 높은 금액의 매수신청이 있을 때까지 신청액에 구속된다. 집행관은 매수신청액 중 최고의 것을 3회 부른 후 그 신청을 한 사람을 최고가매수신고인으로 정하며, 그 이름 및 매수신청의 금액을 고지해야 한다.

● **입찰**

경매에 참가하는 것을 입찰이라고 한다. 입찰은 입찰표에 입찰가격을 비공개로 적어 제출하는 방식으로 이루어진다.

● **유찰**

해당 입찰일에 낙찰자가 생기지 않으면 법원은 재판장의 직권으로 물권에 대한 입찰을 다음 매각기일로 넘긴다. 이를 유찰이라고 하는데 한 번씩 유찰될 때마다 감정가액의 20%씩 떨어진다.

● **낙찰**

1993년 법원경매제도가 호가제에서 서면입찰제로 바뀌면서 등장한 용어다. 한마디로 경매물건 구입을 허락받은 경우를 의미하는데, 지난 2002년 민사집행법 실시 이후부터는 낙찰 대신 매각이라는 단어를 사용하기도 한다.

- **주택임대차보호법**

  민법에는 '임대차'에 관한 규정과 '전세권'에 관한 규정들이 있어서 '임차권 등기'나 '전세권 등기'를 하게 되면 임차인이 보호받을 수 있다. 그런데 주택소유자들이 현실적으로 전세권등기나 임차권등기를 회피하기 때문에 결국 임차인은 등기 없는 임내차를 통해 타인의 주택을 이용할 수밖에 없다. 이러다 보니 임치인들이 법적으로 거의 무방비 상태에서 심각한 피해를 볼 때가 많다. 따라서 주택의 임차인들을 보호하자는 취지에서 민법의 특별법으로서 제정된 법률이 바로 '주택임대차보호법'이다.

- **대항력**

  주택임차인이 선순위저당권 등이 없는 상황에서 임대주택을 인도받고 주민등록까지 마치면 그 다음부터 그 주택의 소유자가 제3자로 변경되더라도 그 제3자에 대하여 임차권을 가지고 대항할 수 있다. 이를 주택임차인의 대항력이라고 한다.

  즉 임차보증금 전액을 반환받을 때까지 주택임차인이 새로운 매수인에게 집을 비워줄 필요가 없다는 것이다. 다만 대항요건(주택인도, 주민등록)을 갖추기 전에 등기부상 선순위의 권리(근저당권, 가압류, 압류 등)가 있었다면 주택이 매각된 경우 대항할 수 없다.

- **가장임차인**

  경매물건 소유자와 짜고 허위의 임대차계약서를 만들어 임차권을 주장하는 사람을 말한다.

조선안의
실전경매 이야기

● 2장
경매는 옥션이 아니라 액션이다

"경매를 시작할 때 여러분은 가장 먼저 '경매 물건을 어디서 골라야 하나?'라는 문제에 부딪히게 됩니다. 우선 대법원 홈페이지에 접속을 하면 '부동산 경매정보'라는 창이 있습니다. 거기서 물건정보를 얻을 수가 있고, 또 법원에 가시면 경매계에서 물건목록을 비치하여 열람할 수 있도록 해놓았습니다. 거기에는 물건의 종류, 가격대, 위치, 특징, 매각조건 등이 일목요연하게 정리되어 있어 자신이 원하는 물건을 선택할 수 있습니다. 처음에는 뭐가 뭔지 알 수 없기 때문에 경험이 있는 분과 같이 가셔서 설명을 듣는 것이 좋습니다. 물건이 선택되면 물건이 있는 현장을 방문하여 실물을 보시고 장단점을 파악하게 됩니다. 물론 인근 부동산사무소를 방문해 시세도 조사해봐야겠죠. 그렇게 해서 물건의 모든 것이 파악되면 얼마에 낙찰을 볼 것인가를 결정해 입찰에 참여하게 됩니다. 입찰표는 경매 당일날 법원에 비치를 해놓습니다. 입찰 한 시간 전에 법정에 입장하면 집행관이 상세하게 절차를 설명합니다. 그에 따라 입찰을 하시면 되겠습니다. 입찰을 할 때는 보증금을 납부하게 되는데 만약 낙찰자로 호명이 되면 보증금에 대한 영수증을 해줄 것이고 낙찰을 받지 못하면 그 자리에서 보증금은 돌려받습니다. 1주일이 지나면 낙찰허가가 떨어지고 다시 1주일 동안 항고기간이 주어지고 그 기간 안에 경매에 대한 이의를 제기하지 않으면 낙찰허가는 확정이 되고 확정된 날로부터 3일 후면 잔금 납부 기일이 지정됩니다. 그 안에 잔금을 납부하면 소유권을 갖게 되는 것입니다."

박규진 원장은 차트와 슬라이드를 곁들여 열심히 강의를 했다. 수강생들 가운데 몇몇은 졸음을 참지 못한 채 고개를 꾸벅이고 있었다.

"세상에서 가장 무거운 게 뭘까요?"

박 원장은 빙긋 웃으며 강의를 중단한 채 돌발적인 질문을 수강생들에게 던졌다. 앞이마가 약간 벗겨진 박 원장은 콧날이 오똑하고 꼭 다문 일자 입술을 갖고 있어 그런지 매우 지적이면서도 깔끔한 인상을 주었다.

"지구 아닐까요?"

나이 오십이 약간 넘어 보이는 한 초로의 사내가 자신감 넘치는 목소리로 답했다.

　"왜죠?"

　박 원장이 웃으며 물었다.

　"지구보다 더 무거운 게 있을 수 있겠어요? 또 어떤 방법으로도 무거워서 들 수 없잖아요."

　"지구는 우주를 발판 삼아 물구나무서기로 들 수 있는 거 아닌가요? 따라서 정답이 아닐 성 싶은데요."

　"인생이나 삶이 아니겠어요?"

　한 중년여성이 아니면 말고 식의 답을 내놓았다.

　"왜 그렇게 생각하시죠?"

　"뭐, 인생살이가 고달프다. 또는 삶이 무거워 등등의 말들을 우리는 많이 하잖아요."

　자신이 생각할 때도 자신의 답이 우스운지 그녀는 살포시 웃었다.

　"인생이나 삶은 자신이 얼마나 성실하고 진지하게 살아가느냐에 따라 무거울 수도 가벼울 수도 있다고 생각되기 때문에 글쎄요… 정답이 아니지 싶은데요."

　"그럼 답이 뭡니까?"

　작은 눈매에 하관이 빨라 전체적으로 급해 보이는 한 남자가 못 참겠다는 듯 정답을 물었다.

"아시는 분 안 계세요? 정말 모르시겠어요?"

박 원장이 여전히 미소를 띤 채 좌중을 둘러보았다. 수강생들도 호기심에 찬 표정으로 주위를 두리번거렸다.

"하하, 아무도 모르시나본데, 그럼 말씀드리지요. 정답은 잠이 오는 눈꺼풀입니다."

그러자 일순간 강의장이 조용해지는가 싶더니 박 원장이 제시한 정답의 의미를 깨달은 수강생들 사이에서 이내 폭소가 터져 나왔다.

"그래요, 무척 졸리시죠? 낮에는 직장에서 열심히 일했고, 또 저녁식사까지 마친 후에 강의를 들으려니 오죽 피곤하시겠어요? 자! 다 같이 스트레칭으로 졸음을 확 날려버리자고요."

박 원장의 제의에 모두들 한껏 기지개를 켰다. 법학박사인 박 원장은 노련했다. 법학박사라는 학위가 아니더라도 경매강의의 일인자, 경매고수, 경매달인, 경매부자…. 그의 이름 앞엔 온갖 화려한 수식어가 붙어 있었다.

대법원에서도 인터넷을 통해 경매물건에 관한 정보를 제공하고 있지만 초보투자자들이 찾아보기에는 다소 어려운 점이 많고 정보의 질 면에서도 한계가 있다.

이러한 틈새를 공략하여 사설 인터넷 경매정보업체가 생겨났는데, 그중에서도 지지옥션은 법원경매가 일반 대중에게 알려지기 전부터 경매 대중화에 앞장서서 불모지와 같았던 경매시장을 활성화시키는 데 한 획을 그었다고 해도 지나치지 않을 만큼 25년간 각고의 노력을 기울여왔다.

그 결과, 경매인이 필요로 하는 권리분석을 비롯해 상권분석, 현장보고서, 국가정책의 정보, 개발호재, 부동산의 동향, 각종 자료 등을 종합적이고 체계적으로 제공하고 있고 사이트의 구성을 효율적이고 간편하게 검색할 수 있도록 기능 면에서 강화하여 절대적인 호평을 받아오고 있다. 따라서 사람들은 경매를 한다면 으레 지지옥션 경매정보를 애용했다. 이러한 지지옥션의 위상과 박 원장의 실력이 결합되어 완벽한 경매강의를 한다는 명성이 높아지면서 강의장은 늘 초만원을 이루었다.

가족들을 시골 처가에 내려보낸 석환은 동진이 일하는 법률사무소에서 틈틈이 그를 도와 일을 했다. 잡다한 일들을 처리하면서 석환은 부동산경매에 깊은 관심과 열성을 나타냈다. 동진은 석환에게 경매에 대해 체계적인 수업을 받을 것을 권유했다. 그래서 그는 낮에는 동진을 도와 일하고, 야간에는 지지옥션 경매 강의장을 찾아 본격적으로 경매를 배우겠노라 결심했다. 그리하여 석환은 동진의 도움으로 등록을 하고 첫 강의를 듣게 된 것이다.

강의가 매일 있는 건 아니기에 강의가 없는 날 밤에는 석환은 대리운전을 했다. 힘들고 고통스러웠지만 석환은 꾹 눌러 참았다. 악착같이 돈을 벌고 악착같이 배워서 하루라도 빨리 가족들과 다시 함께 살 날을 손꼽아 기다리며 석환은 밤낮을 가리지 않고 새로운 삶을 준비하는 데 모든 노력을 기울였다.

"몸을 좀 풀고 나니 한결 기분이 개운해지죠? 자, 그럼 다시 시작해보죠!"

박 원장은 좌중을 둘러보며 자신의 강의에 집중해 줄 것을 독려했다.

귀중한 수업료 내가며 어려운 시간 쪼개고 피곤한 몸 이끌고 여기까지 와서 금과옥조 같은 강의 내용을 듣지 못하고 잠만 자다 갈 것 같으면 차라리 일찍 퇴근해서 가족들과 시간을 보내는 게 낫지 않느냐는 박 원장의 설득(?)이 아니더라도 모두들 눈을 치뜨고 집중하려 애쓰는 빛이 역력했다.

"여러분이 법원경매를 배우려는 목적은 무엇입니까?"

박 원장의 물음에 경매를 통해서 돈을 벌고 싶어서라는 대답이 절반 이상을 차지했고 경매 상담사가 되고 싶다는 수강생도 몇몇 있었다.

"법원경매의 장점은 크게 세 가지로 나눠볼 수 있습니다. 먼저 안전하다는 겁니다. 법원에서 모든 절차를 진행하기 때문에 경매대금을 떼이거나 속을 염려가 없습니다. 두 번째로는 경매물건의 가격을 신뢰할 수 있다는 겁니다. 경매물건의 가격은 법원의 명령을 받은 국가공인 감정사가 감정한 금액을 경매가로 정하기 때문에 바가지 쓸 이유가 없습니다. 마지막으로 물건이 다양하다는 것입니다. 일반 부동산시장에선 좀처럼 노른자 물건이 매물로 나오지 않습니다. 하지만 경매에선 채권자가 채무자 소유의 부동산을 경매신청하면 소유자의 의사와 관계없이 경매에 부쳐지기 때문에 물건이 매우 다양하다고 할 수 있습니다. 예를 들어 용산지역의 다세대가 매물로 나왔다가 재개발 발표가 나자 모든 매물이 자취를 감췄던 적이 있습니다. 왜 그랬을까요? 바로 가격상승을 기대했기 때문이죠. 하지만 경매에 부쳐지면 소유자가 마음대로 거둬들일 수 없습니다. 따라서 경매시장의 매물은 종류와 양의 측면에서 다양할 수밖에 없죠."

수강생들은 박 원장이 강의를 한 마디로도 놓칠세라 필기하기에 여념이 없었다.

심지어 녹취까지 하는 수강생도 있었다.

"저… 질문이 있는데요, 경매는 어떻게 하는 겁니까?"

30대 초반의 한 여성이 수줍게 손을 들어 박 원장에게 나지막이 질문을 던졌다.

"예?"

여성의 목소리가 작아 박 원장은 그녀의 질문이 어떤 의미를 담고 있는지 언뜻 이해가 되지 않았다.

"저기, 그러니까… 낙찰은 어떻게 받는 건지 궁금해서요."

조금 전 질문 때보다 여성의 목소리가 조금 더 커졌다.

"아, 방법을 물으시는 거죠? 경매를 하는 법원에 가시면 경매법정이 마련되어 있습니다. 경매법정에 들어가시면 단상 위에 집행관들이 앉아 있고 그 단상 아래에 책상이 있는데, 그 위에 기일입찰표와 봉투가 놓여 있습니다. 그 기일입찰표를 작성해서 봉투에 넣어 입찰함에 넣으면 되는 것입니다. 모든 절차는 입찰 한 시간 전에 집행관이 친절하게 설명해줍니다. 입찰을 하러 가시려면 도장과 신분증 그리고 보증금을 꼭 가져가셔야 합니다."

이때 별안간 천둥이 치는 듯한 소리가 들려왔다. 깜짝 놀란 수강생들이 소리의 진원지를 향해 고개를 돌렸다.

"크르르르렁, 푸르르릉쿵…"

얼굴이 넙데데하고 배가 유난히 튀어나온 중년신사가 얼굴을 위로 향한 채 코를 골아댔다. 이 모습을 발견한 사람들은 모두 소리 내어 웃었다.

웃음소리에 화들짝 잠이 깬 코골이의 주인공은 자신에게 쏠린 시선들에 잠시 영문을 몰라 하다가 손가락으로 브이자를 그려 보이며 쑥스러운 듯 웃었다. 그 코믹한 모습에 사람들은 한 번 더 웃지 않을 수 없었다.

"그리고 여러분이 유의해야 할 사항이 있는데, 그건 바로 경매엔 장점만 있는 게 아니라는 사실입니다. 양지가 있으면 음지가 있듯이 경매투자엔 위험요소도 존재합니다. 앞에서 설명드렸듯이 법원경매란 채권자가 채무자 소유의 부동산을 법원에 위탁해 팔아달라는 신청입니다. 그런데 채무자 소유의 부동산에는 채권자와 채무자, 둘만의 관계만 있는 것이 아닙니다. 거기에는 임차인도 있을 수 있고, 돈을 빌려주고 근저당권을 설정한 근저당권자도 있을 수 있고, 전세계약을 맺은 전세권자, 토지의 지상을 사용할 수 있는 권리를 가진 지상권자, 건물을 지어주고 돈을 받지 못해 건물을 점유하고 있는 유치권자, 돈을 빌려주고 미처 판결을 받지 못하고 가압류만 한 가압류권자도 있을 수 있습니다. 이렇듯 여러 사람이 여러 가지 권리관계로 얽혀 있습니다. 경매투자자 입장에선 이러한 권리관계를 치밀하게 잘 분석해야 됩니다. 이러한 여러 가지 권리관계를 파악하는 것을 '권리분석'이라고 합니다. 권리분석을 자칫 잘못하면 여러분은 경매로 낙찰을 받았다 해도 입주를 못한다거나 경매대금 외에 가외로 돈을 더 물어낸다거나 하는 불이익을 받을 수도 있습니다."

석환은 조금씩 머리가 아파오기 시작했다. 머리가 아파오니 자동적으로 졸음이 동반됐다. 도대체 용어 자체를 알아들을 수가 없었기 때문이었다.

머리털 나고 처음 듣는 용어가 수두룩했다. 임차는 뭐고 전세는 뭐냐 말인가. 석환이 아는 전세는 일정액을 내고 남의 아파트나 주택을 얻어 사는 것을 말하고, 매월 일정한 임대료를 내면 월세라고 알고 있었으나 그게 전부가 아니었다.

"지금 제가 하는 설명을 이해하지 못한다 해도 아직은 걱정하지 않으셔도 됩니다. 시간이 흐르면서 차츰차츰 다 알게 될 겁니다."

박 원장은 석환의 속내를 들여다본 것처럼 콕 집어 말했다. 석환은 그때부터 본격적으로 졸음이 쏟아지기 시작했다. 제아무리 정신을 차리려고 해도 박 원장의 말처럼 세상에서 가장 무거운 건 자꾸만 내려앉는 눈꺼풀이었다. 저녁 7시에 시작된 강의는 밤 10시가 되어서야 끝이 났다. 반은 졸면서 들은 터라 석환은 좀처럼 머릿속이 정리가 되지 않았다.

석환은 착잡했다.

그토록 굳게 마음먹고 시작한 경매 수업인데, 첫날부터 졸음에 지고 말다니, 커다란 자책감이 괴롭게 밀려들었다.

그때 진동으로 모드를 전환해두었던 석환의 휴대폰이 심하게 떨렸다.

"강의 끝났나?"

동진이었다.

"지금 막 끝났어요."

"어때? 들을 만한가?"

"뭐가 뭔지 도통 모르겠어요. 제가 과연 경매에 입문이나 할 수 있을지 참 걱정됩니다."

"처음엔 다 그렇지 뭐. 기왕 시작한 것인 만큼 성실하게 배우게. 경매고수의 가장 큰 미덕은 성실함이라네. 그건 그렇고, 지난번 우리가 마셨던 '가등' 술집 알지? 거기 장윤정 사장이 자네와 나를 초대했어. 가등으로 오게나."

"초대요?"

"그냥 자신의 가게에서 조촐하게 술 한잔 하면서 경매에 관해 이런저런 이야기를 하고 싶은가봐."

"선배님이야 경매고수이시니까 초대를 한다고 하지만, 저는 괜히 불청객이 될 것 같네요."

"하하, 사람 참 소심하기는. 장 사장이 경매에 관심이 많은 것 같던데, 어쩌면 자네에게도 좋은 기회가 생길지도 모르니 같이 가세나. 경매의 성공은 강의장이 아니라 강의장 바깥에서 이루어지네. 수업의 연장이라 생각하고 참석하게나."

'기회'라는 말에 석환은 솔깃했다. 그래, 미낭 움츠러들어만 있으면 어떤 기회도 찾아오지 않겠지. 세상과 성공은 적극적이고 진취적인 사람들의 것이 아닌가.

"네, 알겠습니다. 그럼 저도 가겠습니다. 그런데 선배님, 제가 오늘 가등에 가면 대리운전을 빼먹을 수밖에 없는데…"

"하하, 자네 일당은 내가 주겠네. 걱정 말고 저녁 때 보세나."

석환은 남양역을 향해 서둘러 걸음을 옮겼다. 우수가 지났음에도 꽃샘추위는 여전히 맹위를 떨치고 있어 오가는 사람들을 영락없이 자라목으로 만들었다.

"어서 오세요."

자정을 넘긴 시간인데도 가게 안은 북적이는 손님들로 발 디딜 틈 없었다. 주로 20~30대 젊은 손님들이 삼삼오오 무리를 지어 테이블을 차지하고 있었다.

석환은 고개를 갸웃거렸다. 끝모르고 추락하는 경기 불황 탓에 다른 가게들은 모두 파리 날리는데, 유독 가등만은 손님으로 넘쳐 나고 있었던 것이다. 그동안 아르바이트 직원들 수도 늘린 것 같았 고 주방에도 일손들이 제법 되었다.

"불러주셔서 감사합니다. 근데 저도 초대해주신 거 맞죠?"

"호호, 물론이죠. 이렇게 왕림해주셔서 감사합니다."

장 사장은 미소와 친절로 석환과 동진을 맞이했다. 두 사람은 안 쪽에 별도로 마련된 방으로 안내되었다. 소규모 인원이 오붓하게 술 마시기에 적당한 3평 남짓한 공간이었다.

"술은 어떻게 준비할까요?"

동진과 석환이 자리를 잡고 앉자 장 사장이 조심스럽게 물었다.

"흠, 청주로 한 번 마셔볼까요?"

동진이 석환의 동의를 구하듯 석환을 바라봤다. 석환도 고개를 끄덕였다.

"그럼 핫카이주조에서 생산한 준마이 다이긴죠를 드셔보시죠. 맛이 부드럽고 연해서 인기가 높습니다. 일본에서도 이 술을 마시 려면 생산지역인 니가타에서도 주문 후 6개월을 기다려야 된다는 초한정품입니다."

영업 경륜이 많지 않을 것임에도 손님을 맞는 태도가 가식 없이 매우 정중했다. 이윽고 술과 주문한 안주가 들어왔다. 그런데 주문 한 안주 외에도 맛깔스런 창란젓과 연어회가 곁들어져 있었다. 이 를테면 서비스 안주인 셈이었는데, 그저 형식적인 서비스가 아니라

가게 주인의 진심과 손님을 대하는 철학이 어우러져 있음을 충분히 느끼게 할 만한 일품 안주였다.

그러고 보니 처음 이 가게를 방문했을 때도 정성이 담긴 서비스 안주가 나왔었음을 석환은 기억해냈다. 동진 또한 석환과 같은 감동을 받은 눈치였다.

"이거 정말 황송합니다."

동진이 감탄의 시선으로 장 사장에게 인사를 건넸다.

"술도 술이지만 사장님의 매너와 배려하는 마음에 벌써 취한 것 같습니다."

석환이 동진의 말에 맞장구를 쳤다.

모두들 유쾌하게 웃으며 몇 순배 술이 돌았을 즈음 윤정이 조용히 입을 열었다.

"사실은 제가 문동진 사장님께 드릴 부탁이 있어서요."

"전 사장이 아니고 사무장입니다만, 뭐든지 말씀하시면 제 능력껏 도와드릴 준비는 되어 있습니다."

"호호, 그럼 사무장님이라 부르겠습니다. 제가 경매는 하고 있지만 사실 권리분석은 잘 몰라요. 그래서 앞으로 물건을 선정하면 사무장님께 권리분석을 해주십사 부탁드리려고 이런 자리를 마련해 모셨습니다. 물론 사례는 충분히 해드릴게요."

"에고, 제가 얼마나 도움이 되어 드릴지 모르겠지만, 장 사장님이 부탁하시면 당연히 해드려야죠. 언제든 말씀만 하세요. 지금이라도 좋습니다, 하하."

　사람 좋은 웃음을 짓는 동진의 모습을 바라보며 석환은 약간 우
울해하며 말했다.

　"아무래도 전 오늘 여기 잘못 온 것 같군요."

　"무슨 말씀이세요?"

　"제가 경매를 아는 것도 아니고, 그렇다고 장 사장님처럼 돈이
많아 투자를 할 수 있는 것도 아니고… 차마 드리기 부끄러운 말씀
이지만 지금껏 살면서 뭐 하나 변변하게 해놓은 게 없어요."

　석환의 말을 듣고 난 윤정이 빙그레 미소를 지었다.

　"여전히 경매에 대해 부정적으로 생각하고 계시나요?"

　"아닙니다. 사실은 경매투자에 입문하고자 현재 고수 분께 강의
를 듣고 있습니다."

　"호호, 그럼 열심히 배우세요. 저도 이제 막 입문하기 시작한 풋
내기인걸요. 앞으로 저랑 파트너로 일을 하실 수도 있을 것 같네요.
처음 뵈었을 때 석환 씨는 솔직하고 열정이 넘치는 분이라는 인상
을 받았어요. 누구나 신뢰할 수 있을 만한 그런 인상을 가진 사람은
흔치 않죠."

　석환은 윤정이 자신에게도 호감을 갖고 있다는 사실을 알자 비
로소 얼굴이 활짝 펴졌다.

　"하, 너무 과찬이십니다. 제가 아주 조그만 도움이라도 된다면,
뭐든 시켜만 주십시오. 배우는 자세로 열심히 하겠습니다!"

동진이 석환을 바라보며 씩 웃었다.

"그래요, 때로는 경매라는 게 여자 혼자선 버거울 수도 있어요. 그러니까 서로 도움이 될 수 있다면 좋겠죠."

미소를 짓고 있던 윤정이 고개를 끄덕이다가 문득 진지한 눈빛으로 동진에게 물었다.

"사무장님, 권리분석을 어떻게 의뢰하면 될까요?"

"그거야 장 사장님 마음대로지만, 한 건 한 건에 따라 하면 좋을 듯싶습니다. 요즘 비용이 비싸지 않으니 할 만하실 겁니다. 그런데 권리분석 말고는 다른 건 문제가 없나요? 뭐 이를테면 세금 같은 거요."

"전 아는 게 없어요. 무작정 하는 거죠."

"하, 정말 대단하시군요."

"전에 경매를 통해서 수백억을 벌었다는 경매고수를 뵐 수 있는 기회를 가진 적 있어요. 그분이 많은 말씀을 해주셨는데 다른 건 생각이 안 나고 '어느 한 가지라도 깊게 파고들어라, 그리고 나머지 부족한 건 전문가의 도움을 받아라.' 이 말씀만 생각이 나요."

"그럼 사장님이 잘하시는 건 뭔가요?"

석환은 윤정의 말 하나하나가 모두 흥미로웠다.

"저는 잘하는 게 없는 여자에요. 애초부터 '법대로'를 체질적으로 싫어했고 숫자 싫어해서 세금 따질지도 모르고요. 다만 남보다 좀 부지런하다는 건 있어요."

"부지런한 걸로만 경매를 할 수 있다는 건가요?"

석환이 휘둥그레진 눈으로 다시 물었다.

"그럼요. 경매를 영어로 옥션이라고 하죠? 하지만 전 오히려 '액션' 이라고 생각해요. '임장활동' 해보셨지요?"

"임장활동이요?"

부동산경매에서는 임장활동이 필수적이다.

경매를 통해 부동산을 낙찰받고자 할 경우엔 그 부동산에 대한 시세, 재개발 등 개발계획의 여부, 활용방안, 위치, 상태 등등을 면밀히 따져보아야 한다. 그리고 이를 위해선 부동산이 위치한 현장을 직접 방문해 꼼꼼하게 살펴야 한다. 이를 임장활동이라고 한다.

"네. 현장을 가봐야지요. 이게 바로 액션이 아니고 뭐겠어요? 요즘 저는 상가를 주로 하고 있어요. 일반 사람들은 지금 인기가 없는 상가를 무엇 하려고 낙찰받을까, 궁금해 해요. 심지어는 제가 상가 낙찰받는 걸 보고 딱하다는 듯 혀를 차는 사람도 있어요. 물정을 모른다고 동정을 하는 거죠. 또 저를 순진한 먹잇감으로 여기고서는 돈을 벌게 해줄 테니 자신과 동업을 하자고 접근해 오는 사람도 있어요. 그러나 오히려 그 사람들이 뭘 모르고 하는 말이지요."

평소 조용하고 말이 없어 너무 조신한 거 아니냐는 말을 듣는 윤정이지만 경매에 관한 이야기만 나오면 얼굴에 생기가 돌고 적극성을 띠었다.

미국의 유명한 팝가수 마돈나는 일상에서는 매우 조용하고 말이 없는 편이라고 한다. 그러나 무대에만 올라서면 신 내린 여전사로 변하여 범접할 수없는 포스를 발산한다. 사람은 저마다 끼를 발산하는 무대가 따로 정해진 모양이다. 그런 면에서 윤정의 무대는 법원경매라고 할 수 있었다.

　"상가를 낙찰받아서 임대가 나가지 않으면 세금, 관리비 등 유지비용이 만만치 않을 텐데요. 그게 바로 사람들이 상가를 피하는 이유이기도 하죠."

　다른 사람들이 모두 고개를 흔들 때 혼자 고개를 끄덕이는 윤정의 경매투자에 대해 동진도 궁금하기는 마찬가지였다.

　"상가를 무턱대고 낙찰받으면 그렇겠죠. 하지만 사전에 무엇을 할 것인가를 염두에 두고 거기에 맞게 하면 문제가 없다고 봐요. 요즘 상가의 낙찰가율이 매우 저조해서 보통 시가보다 30% 아래로도 살 수 있거든요. 싸게 살 수 있기 때문에 잘만 이용하면 돈을 벌수 있어요."

　"그렇게 해서 수익을 올린 적 있어요?"

　윤정이 호기심 어린 시선으로 자신을 바라보는 동진에게 살포시 미소를 지었다.

　"이 가게도 경매로 낙찰받은 건데, 제가 다시 팔았어요. 원래는 이번 달 말에 넘겨줘야 되는데 이 가게를 인수한 분들이 별안간 따님의 초청으로 호주를 가시게 돼서 3개월을 더 제가 운영해야 돼요. 잔금은 계약서대로 이행하신다고 하셨고요."

"아니, 장사가 이렇게 잘되는데 왜 팔았어요?"

"투자하는 사람 입장에서야 수익이 남으면 파는 거죠. 제가 이 점포를 낙찰받았을 때 술 팔고 안주 팔아서 장사하려 했던 건 아니에요. 이 점포 전체를 상품으로 보고 부가가치를 높여서 되팔려고 했던 겁니다. 그리고 성공했고요."

"전체를 상품으로요? 구체적으로 얘기 좀 해주실래요?"

석환은 점점 윤정이 보통사람이 아니라는 느낌이 들었다.

"처음 이 점포가 부천법원에 경매물건으로 나왔을 때 최초 경매가가 4억 2,000만원으로 출발했어요. 그런데 사무장님 말씀대로 아무도 관심을 갖지 않더군요. 매번 유찰되더니 최저가가 1억 1,360만원까지 뚝 떨어졌어요. 네 명이 입찰에 참가했는데, 그때 저는 1억 3,000만원을 써서 낙찰을 받았죠. 일반매매를 통해서는 죽었다 깨나도 살 수 없는 금액이잖아요. 그래서 경매가 매력이 있다는 겁니다. 저는 이 점포를 담보로 해서 은행에서 7,800만원을 빌렸어요. 융자를 얻은 거죠. 그리고 제 이모님 앞으로 사업자등록을 내고 사업자 명의로 창업자금을 신청해서 다시 5,000만원을 융자받았습니다."

창업자금은 창업을 원하는 자가 타인의 건물을 임차하여 사업자등록을 하고 신용보증기금에 창업자금을 신청하면, 신용보증기금은 기본적인 조사를 하고 요건에 맞으면 대출에 대한 보증서를 발

급해준다. 발급받은 보증서를 은행에 제출하고 대출을 신청하면 최
대 5,000만원까지 대출을 해준다.

"아, 그런 제도가 있었어요?"

"요즘 그거 모르는 사람 거의 없던데, 호호."

"흑, 전 정말 잘하는 게 없어요."

석환은 문득 부끄러운 생각이 들었다. 부지런히 발품을 팔고 머
리를 잘 쓰면 돈을 빌릴 수 있는 기회도 많은데, 그저 공석진 차장
에게만 매달렸던 자신이 지난 시간이 씁쓸한 풍경으로 주마등저럼
스쳐갔다.

"그렇게 1억 3,000만원 정도를 융자했으니 제 돈은 거의 들어가
지 않은 셈이죠. 그런 다음 성공한 프랜차이즈를 골라 이 술집을 개
업한 겁니다. 개업한 다음 저는 본사에서 공급하는 술과 안주 외에
별도의 안주를 마련해서 손님에게 서비스 품목으로 냈습니다. 생색
만 내는 것이 아니고 정말 정식으로 주문한 안주 못지않게 양질의
좋은 안주를 제공했습니다. 같은 걸 매일 주면 식상할까봐 매번 바
꿔가면서 서비스를 한 거죠. 전 거의 매일 새벽에 수산시장에 가요.
사실 술을 마시면 술값보다 안주 값이 더 나오는 거 아시죠? 푸짐
한 서비스 덕분에 술값이 덜 든다는 걸 느낀 손님들은 다시 찾을 수
밖에 없겠죠. 그렇게 서비스를 해도 밑지지는 않습니다. 인건비와
약간의 마진은 챙길 수 있는데, 어찌 보면 박리다매의 기법이라고
볼 수 있죠. 제가 이 점포를 개업한 지가 5개월 하고도 10일이 됐어

요. 장사가 워낙 잘되다 보니까 점포를 팔라는 주문이 많이 들어왔죠. 저는 매수자 중에서 가장 조건이 좋은 사람을 선택해서 이 점포를 넘겼답니다."

"누가 샀어요?"

석환이 궁금한 눈빛으로 물었다.

"경찰공무원 생활을 하다가 그만둔 분인데 퇴직금으로 2억원을 받으신 모양이에요. 부인과 직접 운영을 하신다고 했는데, 의욕이 대단하세요. 처음 퇴직한 분들이 사업에 뛰어들면서 제일 많이 우려하는 부분이 과연 성공할 수 있을까 하는 겁니다. 그렇기 때문에 뭔가를 결정하기 위해서는 많은 관찰과 세심한 주의를 기울이죠. 제 가게가 영업이 잘되는지의 여부를 살피기 위해 부부가 손님으로 근 한 달간을 방문하셨어요. 전 그것도 모르고 참으로 로맨틱한 부부이구나, 생각했죠. 어쨌든 부침이나 기복 없이 계속 성업 중이라는 점이 마음에 드셨고 무엇보다 매출액이 많다는 점에 무척 끌리셨나 봐요."

"장 사장님이 너무 운영을 잘하시니 당연하겠죠."

"아이, 과찬이세요."

"제가 장 사장님 반만 따라가도 원이 없겠어요."

석환은 진심에서 우러난 목소리로 말했다. 그는 윤정이 존경스럽기까지 했다.

"그분들 이번에 이 가게 인수하면서 은행에서 연리 7%대로 2억

1,000만원이나 대출을 받으셨다고 하더군요."

"장 사장님은 7,800만원밖에 못 받았다면서요?"

처음 경매 받은 물건을 담보로 은행에 대출을 신청하면 낙찰가를 기준해서 대출을 해주지만 그 다음에 같은 물건을 매매하면서 매수인이 은행에 대출을 신청하면 그때는 매매가를 기준해서 대출을 해준다.

물론 감정가도 매매가와 같거나 그 이상이어야 한다.

"그땐 그것밖에 안 해주더라고요."

"그래, 가게는 얼마나 받으셨어요?"

"3억원 받았어요."

"네에! 3억이요?! 그럼 도대체 얼마를 버신 겁니까? 시설비를 뺀다고 해도 불과 6개월여 만에 억 단위로 벌었다는 얘기네요."

"흠…"

잠자코 윤정의 말에 귀 기울이던 동진은 부끄러움과 동시에 짜릿한 전율을 느꼈다.

자신은 권리분석만 잘하면 경매는 문제없이 해낼 수 있을 거라 생각했었다. 그런데 아니지 않은가!

윤정은 권리분석과는 전혀 관계가 없는 방식으로 엄청난 수익을 올린 것이다. 이는 경매에 관한 동진의 고정관념을 완전히 뒤바꿔 놓을 만한 흥분되는 사건이 아닐 수 없었다.

"장 사장님은 이런 기발한 아이디어를 어떻게 생각해내셨어요?"

동진이 겸손한 어투로 윤정에게 물었다.

"정동구 어른이라고 혹시 들어보셨는지요? 그분에게서 가르침을 받았어요."

"아, 정동구 선생님!"

동진은 자신도 모르게 탄성을 질렀다.

정동구 선생이라면 동진도 명도소송 때문에 여러 번 뵌 분이셨다. 경매계의 전설로 일컬음 받다가 갑자기 사라지신 분이셨다. 평소 약주를 좋아하셔서 술자리를 자주 가졌고, 술좌석에서 취기가 오르시면 늘 발상의 전환 없이 세상 살다가는 뒤처진다고 벼락처럼 내리치시던 일갈도 떠올랐다.

'사고의 폭을 넓힐 줄 알아야 진정한 경매꾼이지!'

선생께서는 늘 그렇게 강조하셨다.

사고의 폭을 넓혀라… 사고의 폭을… 잠시 회상에 잠겨 있던 동진은 문득 자신의 무릎을 탁 쳤다. 그러고는 석환에게 넌지시 말했다.

"내가 내일 화성에 출장을 다녀올 일이 있는데, 자네도 함께 가야겠네."

장 사장의 이야기를 듣다가 동진의 머릿속에 뭔가 번개처럼 떠오르는 생각이 있었던 것이다.

"아닌 밤중에 홍두깨도 아니고, 술 드시다가 뜬금없이 무슨 출장입니까?"

"오늘은 그만 마시지, 내일 출장도 있으니까. 장 사장님, 오늘 말씀 정말 잘 들었습니다."

　동진은 윤정에게 고맙다는 인사를 여러 차례 건넨 후 석환을 데리고 서둘러 술집을 빠져나왔다.

투자자가 꼭 알아야 할
경매용어

● **낙찰기일**
  입찰을 한 법정에서 최고가 입찰자에 대하여 낙찰허가 여부를 결정하는 날로 입찰법
  정에서 선고한 후 법원게시판에 공고만 할 뿐 낙찰자, 채권자, 채무자, 기타 이해관계
  인에게 개별적으로 통보하지 않는다(입찰기일로부터 통상 7일 이내).

● **낙찰허가결정**
  낙찰허가결정은 낙찰 후 1주일 내에 결정되며 허가결정 후 다시 1주일 내에 이해관계
  인(낙찰자, 소유자, 임차인, 근저당권자)의 항고가 없으면 낙찰허가결정이 확정된다.
  이 날이 지난 이후 낙찰자는 잔금을 납부할 수 있다.

● **입찰보증금**
  경매물건을 매수하고자 하는 사람은 최저매각가격의 10분의 1에 해당하는 보증금액
  을 입찰표와 함께 집행관에게 제출하는 방법으로 제공해야 한다. 매각절차가 종결된
  후 집행관은 최고가매수신고인이나 차순위매수신고인 이외의 매수신청인에게는 즉시
  매수보증금을 반환해야 한다.

● **기간입찰**
  입찰기간은 1주일 이상 1월 이하의 범위 안에서 정하고, 매각(개찰)기일은 입찰기간이
  끝난 후 1주 안의 날로 정한다. 입찰의 방법은 입찰표에 기재사항을 기재한 후 매수
  신청의 보증으로 관할법원의 예금계좌에 매수신청보증금을 입금한 후 받은 법원보관
  금영수필통지서를 입금증명서의 양식에 첨부하거나 경매보증보험증권을 입찰봉투에
  넣어 봉함한 후 매각기일을 기재하여 집행관에게 제출 또는 등기우편으로 집행관에
  게 부치는 방법이다.

● **기일입찰**
  매각기일에 입찰 및 개찰하게 하는 입찰방식이다. 현재 법원에서는 입찰표에 입찰가
  격을 적어 제출하는 기일입찰 방법을 가장 널리 시행하고 있다.

● 가압류

'가압류'란 채권자(돈을 빌려준 사람)가 금전채권 등의 강제집행을 보전하기 위해 미리 채무자(돈을 빌려 쓴 사람)의 재산을 동결시켜 채무자로부터 그 재산에 대한 처분권을 잠정적으로 빼앗아 두는 것을 뜻한다. 즉, 가압류란 채무자기 재산을 빼돌리지 못하도록 조치를 취하는 것인데, 채무자이 재산을 잠시 압수하는 것이다.

순순히 채무이행을 하지 않는 채무자는 자기의 재산을 은닉하거나 처분해 버릴 수 있다. 따라서 채권자 입장에서는 소송을 하기 전에 미리 채무자의 재산에 대하여 가압류를 해둬야 한다. 이러한 보전조치 없이 채무자를 상대로 소송을 제기해 전부승소판결을 받았다 하더라도 채무자가 이미 자기 재산을 다른 사람 명의로 이전 또는 처분했다면, 경매를 실행할 재산이 없기 때문에 그동안 승소판결 받기 위해 들였던 노력, 비용은 헛수고가 되고 만다. 그래서 가압류는 금전채권과 관련된 소송에서는 거의 필수적으로 이용되고 있다.

예를 들어 A가 B에게 1억원을 빌려주었다고 하자. 그런데 B가 약속한 날짜가 되어도 돈을 갚지 않고 변제를 미루고 있으면 A는 어쩔 수 없이 B를 상대로 재판을 하게 된다. 재판에서 승소한 A는 확정판결에 따라 A의 부동산에 강제경매를 실행하고 그 낙찰대금에서 자신의 돈을 받아간다. 그런데 A가 소송을 진행하는 동안 B가 자신의 부동산을 제3자인 C에게 팔아버리면 A는 재판에서 이기더라도 경매를 실행할 부동산이 없기 때문에 결국 돈을 받지 못하게 된다. 이런 경우를 대비해서 A가 B의 부동산에 1억원의 채권이 있다는 내용의 가압류를 하는 것이다.

● 임장활동

경매를 통해 부동산을 낙찰받고자 할 경우엔 그 부동산에 대한 시세, 재개발 등 개발계획의 여부, 활용방안, 위치, 상태 등등을 면밀히 따져봐야 하는데, 이를 위해선 부동산이 위치한 현장을 직접 방문해 꼼꼼하게 살펴야 한다. 이를 임장활동이라고 한다.

조선안의
실전경매 이야기

3장

경매의 성공은 사고의 폭이 결정한다

이튿날 아침, 석환은 동진의 출장에 동행하기

위해 사무실로 향했다. 입구를 들어서자 여직원들이 청소하느라 분

주했다. 그중에는 석환을 바라보며 인사를 하는 여직원도 있었다.

석환도 공손하게 인사를 하고는 동진의 자리로 다가갔다.

"아, 왔나?"

"선배님, 화성은 무슨 일로?"

"일단 출발하고 차에서 이야기하세."

동진은 책상 위에 놓여 있던 서류를 챙겨 봉투에 담고는 서랍을

닫은 후 키를 돌려 뺐다.

"목적지는요?"

"동탄 청계리 신도시 방향이니까 일단 부천 중동에서 순환도로를 올라탄 후 경부고속도로를 탄 다음 23번 지방국도를 타고 내려가지. 동탄 부근에서는 물어물어 찾아가야 돼."

"동탄 쪽은 무슨 일이래요?"

출근 전쟁이 막 끝난 오전 9시 20분경의 서울 외곽순환도로는 출근에 뒤처진 차들만 몇 대 부지런히 달리고 있을 뿐 도로는 붐비지 않았다.

"신도시 쪽인데 신규 아파트가 3만여 세대가 들어서는 곳에 신축 중인 매머드급 쇼핑몰이야. 공사를 하다가 자금난으로 공사가 중단되면서 건물은 준공 전이라 빠지고 토지만 210억원에 경매로 나왔어. 여기 서류봉투를 열어봐. 관련서류들이 있을 거니까 참고로 살펴봐."

동진은 어제 윤정과 대화를 나누다가 '사고의 폭을 넓혀야 한다'는 대목에서 순간 깨달은 바가 있었다. 지금 내려가는 곳에 있는 물건은 '법정지상권'이 성립되는 경매물건이다. 법정지상권이 성립된다면 토지를 낙찰받더라도 토지를 사용할 수 없다. 우리나라 법체계에서는 토지주의 동의 없이 토지주의 토지상에 건물을 지을 수 없다. 만약 건물이 지어진다면 토지주는 재판을 거쳐 건물을 철거할 수 있다. 그러나 법정지상권이 성립되면 30년간 건물을 철거하지 않고 그대로 사용할 수 있는 권한이 건물주에게 주어진다. 그런 이유로 법정지상권이 성립되면 토지가 경매로 나와 가격이 떨어져도 입찰에 응하는 사람이 없다. 간혹 경매를 모르는 초보자들이 싼 맛에 응찰했다가 토지는 사용하지도 못하고 돈만 묶이는 쓰디쓴 경험을 하게 된다. 그래서 동진은 법정지상권이 성립되어 있는 이번 토지 물건에 입찰을 피하려고 했었다. 그러나 어제 윤정의 말을 듣고 낙찰을 받기로 생각을 달리한 것이다.

동진은 왼손으로 운전대를 잡고 전방을 주시한 채 서류봉투를 석환에게 건넸다. 창밖을 보니 육중한 바퀴가 클로즈업되어 눈에 들어왔다. 거대한 화물차가 몸집만큼이나 큰 굉음을 내며 바로 옆에서 달음박질 치고 있었다.

"뭐야! 이거 법정지상권까지 성립이 될 것 같은데요."

"그러니까 210억원짜리가 7회 유찰에 35억 2,000만원대까지 가격이 떨어졌지."

"네에? 허, 그렇군요."

아직 경매 초보자인 석환도 동진과 함께 경매에 대해 이런저런 경험과 지식을 나누다보니, 법정지상권이란 용어는 어깨 너머로 배워 알고 있었다. 하지만 제아무리 그렇다 하더라도 가격이 이렇게까지 떨어지다니, 석환은 참 요지경 같은 세상이라는 느낌이 들어 헛웃음이 나왔다.

차는 고속도로를 내려와 23번 지방국도를 달리고 있었다. 멀리 '기흥철강'이라는 입간판이 눈에 들어왔다.

"거의 다 온 것 같다."

동진은 브레이크를 서서히 밟아가며 속도를 줄였다.

"경매정보지를 보니까 새마을회관이 주변에 있는 것으로 표시되어 있던데, 저쪽에 있는 게 그 새마을회관 아닙니까?"

새마을회관을 마주보며 공사현장이 있는 오른쪽으로 방향을 선회하니 대규모 아파트 단지가 들어설 4만여평의 공사현장 입구 왼쪽에 현재 공사중인 4층 건물이 나타났다. 건물 벽면에는 '제로니 플라자 분양'이라는 세로형 현수막이 길게 드리워진 채 바람에 휘날리고 있었다. 건물은 연건평이 4,000평에 이르는 만큼 과연 웅장했다. 경매 진행중인 건물답지 않게 공사는 활발하게 진행되고 있었고 컨테이너를 급조해서 만든 분양사무실도 예상 외로 활기에 넘치는 분위기였다.

"어섭쇼!"

분양팀원으로 보이는 젊은 사람이 석환의 일행이 들어서자 자리에서 벌떡 일어나 큰소리로 인사를 건넸다. 분양팀원들은 많은 것 같은데, 어쩐지 실제로 분양을 원하는 사람들의 모습은 보이지 않았다.

"분양은 순조롭게 잘 돼가고 있습니까?"

"그럼요! 아주 잘 진행되고 있습니다. 이제 분양코너가 얼마 남지 않았습니다. 서두르셔야 좋은 코너를 잡을 수 있습니다."

훈련이 잘된 컨설턴트였다. 매끄러운 말솜씨와 설득력 있는 설명은, 나이는 많지 않지만 이 분야에 경험이 풍부하다는 것을 증명해주고 있었다.

"친절한 설명, 아주 고맙게 잘 들었습니다. 상의해보고 연락드리 겠습니다."

동진과 석환은 밖으로 나와 분양사무실 입구 옆에 세워둔 건축 허가에 관한 사항이 적혀 있는 안내판을 살펴보았다. 유심히 들여 다보니 건축 착공일이 2001년 2월 22일로, 토지의 최초 근저당권 설정등기일인 2002년 3월 2일보다 앞서 있었다. 만약 토지상에 저 당권이 설정되고 그후에 건물이 들어서기 시작했다면 저당권사 보 호 차원에서 법정지상권은 성립되지 않는다. 그러나 '제로니 플라 자'는 신축 당시 토지등기부등본상에 저당권을 비롯해 아무것도 없 이 깨끗했기 때문에 법정지상권이 성립된다.

"선배님, 입간판 내용을 살펴보니 법정지상권이 분명 성립될 수 있는 거잖아요? 그러니 이 건물은 틀린 거 아닌가요?"

"이제부터 선배님이라고 부르지 말고 형이라고 부르도록 하지. 그게 편하잖아. 그리고 뭐가 틀렸다는 거야?"

"동일인의 소유였던 토지와 건물이, 토지에만 근저당권 등기가 설정되고 그 근저당권자에 의해 토지가 경매에 부쳐져 토지의 소 유권자가 달라질 경우 건물 소유자는 토지 소유자에게 법정지상권 을 주장할 수 있지 않습니까? 그럼 우리가 이걸 낙찰받는다 해도 최소한 30년간은 토지를 사용할 수 없는 거잖아요."

"호오라, 공부 열심히 했군. 그래, 맞았어."

동진의 칭찬에 석환은 어깨를 으쓱했다.

동진은 잠시 진지한 표정으로 생각에 잠긴 채 입을 다물었다. 석환은 그가 무슨 생각을 하는지 궁금했지만 워낙 진지한 표정을 짓고 있는 터라 동진이 다시 입을 열 때까지 참고 기다리기로 했다.

동진은 차로 20분 넘게 돌며 주변의 정황을 모두 살펴보았다. 그러고는 가속 페달을 밟으며 외곽으로 차의 방향을 돌렸다. 1시간 30분 정도 화성시내와 화성과 연결된 입·출 도로 사정을 모두 파악한 다음 외곽지에 있는 식당으로 들어갔다.

"회장님, 저 문동진입니다. 회장님께서 부탁하셨던 물건 말입니다. 그거 법정지상권이 성립될 것 같아 포기하려 했는데 입찰 들어가야 하겠습니다. 대단합니다! 아주 좋습니다! 근래에 보기 드문 물건입니다!"

식당에 들어서자 동진은 곧 휴대폰을 꺼내들고는 급히 어디론가 전화를 했다. 통화 내용을 듣고 난 석환은 자신의 귀를 의심하지 않을 수 없었다.

법정지상권이 성립하는 물건을 지금 입찰하라고 권유하고 있다니, 동진이 과연 경매고수가 맞긴 맞는 건가… 낙찰을 받기 위해선 최소한 낙찰대금으로 40억원을 지불해야 한다. 그런데 법정지상권이 성립된다면 40억원을 들여 낙찰받은 토지를 최소한 30년간 손도 대지 못하고 방치를 해야 한다. 그런데도 근래 보기 드문 물건이라니, 이건 미친 짓이 아닐까? 아니면 다른 어떤 방법이 있는 걸까?

도무지 석환의 머리로는 감이 잡히지 않았다.

"형님, 지금 저 '제로니 플라자'를 설명한 겁니까?"

통화가 끝나자 궁금증을 이기지 못한 석환이 물었다.

"응."

"제로니라고요?"

"그렇다니까."

"저 제로니를 가지고 좋은 물건이라고 하시는 이유를 모르겠네요. 설명 좀 해주세요."

"아휴, 배고프다. 뭐 좀 먹자. 뭐 먹을래?"

"지금 먹는 게 문젭니까? 형님이 뭘 잘못 생각하시는 것 같은데요."

"세상사 다 먹자고 하는 짓이야. 빨리 주문부터 해."

"아주머니 여기 청국장 둘 주세요!"

석환은 주방에 대고 냅다 소리를 질렀다.

"나도 이 물건은 법정지상권이 성립되기 때문에 포기하려 했어. 그런데 어제 장 사장의 이야기를 듣고 깨달은 게 있어서 응찰하려고 하는 거야. 술과 안주를 팔아서 수익을 내는 것도 좋지만 점포를 통째로 팔아서 수익을 내는 방법도 있는 거란 이야기, 사고의 폭을 넓히라는 말에서 힌트를 얻었지."

"형님, 쉽게 이야기합시다."

"이 물건에는 법정지상권이 성립될 수 있기 때문에 낙찰자에게는 치명적일 수도 있어."

"그렇죠, 그건 저도 압니다."

"토지를 물리적으로 사용하려 할 때는 치명타가 될 수 있지만 또 다른 한편으로 생각을 바꿔 보세나. 예를 들어 40억원을 투자하고 매년 12억 6,000만원대의 수익이 발생한다면 어떻겠나? 연 30%가 넘는 수익률인데."

"와우, 그 정도면 정말 대단한 거죠."

"이 물건이 바로 그런 수익을 가져다주는 물건이 될 수 있다는 거야."

"네? 정말이요?"

"지료地料라고 들어봤나?"

"지료라고 하시면… 지상권자가 토지 사용의 대가로 토지 소유주에게 지불하는 돈이나 물건을 말하잖아요?"

"맞았어. 토지를 사용할 수 있는 권리를 취득한다 해도 역시 토지는 타인의 사유재산인 만큼 적절한 토지 사용료는 치러야 하지."

"법정지상권이 성립된다 해도 물론 토지사용료에 해당하는 지료는 당연히 토지주에게 줘야 하지요."

"지료 산정할 때 토지에 대한 감정지가를 기준으로 하는 건지, 아니면 낙찰가격으로 하는 건지는 혹시 알고 있나?"

"감정지가의 연 6~8% 선에서 이루어지는 거 아닌가요?"

"하하, 이 친구 제법이네. 그래, 한번 생각해보게. 지금 이 제로

니가 들어서 있는 토지가 경매로 나오면서 감정지가가 210억원으로 평가됐어. 지료를 산출하기 위해 새로 감정한다 해도 별로 큰 차이는 없지."

"식사 나왔습니다. 맛있게 드세요."

주인아주머니로 보이는 중년여인은 뚝배기에서 폴폴 끓고 있는 청국장과 밑반찬을 가지런히 놓아주고 수저를 꺼내 챙겨주는 친절도 아끼지 않았다. 동진은 수저를 들어 천천히 식사를 하기 시작했으나 석환은 그저 동진의 얼굴만 멀뚱멀뚱 바라볼 뿐이었다.

"뭐해? 식기 전에 들어. 청국장은 뜨거울 때 먹어야 제 맛이지."

"형님! 지료는 누구에게 청구하나요?"

"건물 소유주에게 청구하지, 누구에게 하겠어?"

"저 건물이 낙찰로 인해 토지 소유주가 바뀌어도 건물 준공검사 받는 데는 지장이 없나요?"

"법정지상권 성립 여부에 따라 다를 것도 같은데, 법규상 동의는 필요해. 만일 토지주의 동의가 필요하다면 동의해주지, 뭐. 철거할 거 아니면."

"제로니 쇼핑몰 같은 건물은 여러 개로 분할이 돼서 여러 사람에게 분양될 것 아니겠습니까? 그렇다면 만약에 지료를 내지 않는 부분의 건물은 철거할 수도 없고, 어떻게 하지요?"

법정지상권이 성립되지 않을 경우 토지주는 건물주를 상대로 건물철거를 청구할 수 있다.

"물론 철거야 할 수 없지만 그럴 경우 두 가지 방법이 있어. 지료에 관한 청구소송을 해서 법원으로부터 판결문을 받으면 건물 소유주의 다른 재산에 대해 강제집행을 할 수도 있고, 아니면 토지주가 지료 납부 대상이 되는 건물에 대해 매수신청을 할 수도 있어. 한마디로 칼자루는 토지주가 잡고 있다고 보면 돼."

"나중에는 어떻게 되나요?"

"나중은 나중이고 먼저 밥이나 먹자. 자네가 말 시켜서 밥이 코로 넘어가는지 입으로 들어가는지 모르겠다. 어서 먹어. 먹고 얘기하자."

청국장은 특유의 냄새 때문에 친해지기가 쉽지 않다. 하지만 바로 그 냄새 때문에 청국장을 좋아하는 사람들도 많다. 이처럼 모든 사물은 생각하는 것에 따라 인식된다.

"아까 밥 먹을 때 나중엔 어떻게 되느냐고 질문한 건 뭘 알고 싶어서 물은 거지?"

동진이 운전하는 차가 어느덧 고속도로로 진입하고 있었다. 도로는 여전히 매우 한산했다.

"토지만 낙찰받는다고 해서 가만히 앉아 있으면 건물을 분양받은 사람들이 '지료 여기 있습니다' 하고 알아서 갖다 바치진 않을 거 아닙니까?"

"당연하지. 지료는 토지주와 건물주 양 당사자 간에 약정을 하거나 법원에 지료 청구소송을 제기해야 성립되는 거라네. 그리고 그렇게 정해진 지료에 대해 제3자에게 대항을 하려면 등기를 해야 하고."

"어디다가 등기를 해요?"

"토지 부동산등기부등본에 지료의 금액을 등기하는 것이지."

"선배님이 식사 때 말씀하신 것들 가운데 '매수신청'이라는 건 뭡니까?"

"지료를 2년간 지급하지 않을 경우 토지주는 소송을 통해 법정지상권을 소멸시킬 수 있고, 법정지상권이 없어지면 건물철거도 가능해. 그런데 건물철거는 국가적으로 볼 때는 손해지. 그래서 토지주가 원하면 철거 대신 그 건물을 매수할 수 있도록 법으로 정한 거야."

"집합건물은 지료를 안 내도 철거할 수 없잖아요?"

"아파트나 다세대를 말하는 거야?"

한 개동의 건물 중 구조상 구분된 수 개의 부분이 독립한 건물로 사용될 수 있을 때는 그 각 부분은 '집합건물의소유및관리에관한법률'에 따라 각각의 소유권의 목적으로 할 수 있고, 이러한 건물을 집합건물이라 한다. 주위에서 흔히 볼 수 있는 아파트나 다세대주택, 그리고 구분등기를 해주는 쇼핑몰 등을 그 대표적인 예로 들 수 있다.

"네. 아파트도 남의 땅에 짓는 경우가 있잖아요? 그 경우, 아파트만 경매에 나온 사례도 본 적 있어요. 만일 그 아파트가 24층인데 중간층인 12층 정도에 있는 1201호가 지료를 안 냈다고 해서 그것만 철거를 할 수는 없잖아요?"

"그때는 지료 청구소송을 통해 판결문을 받으면 그걸로 경매를 집어넣든지, 아니면 매수 청구를 할 수 있어."

고속도로는 부천에 도착할 때까지 막히지 않아 두 사람은 저녁 시간 전에 사무실에 도착할 수 있었다.

"회장님, 바쁘지 않으시면 사무실에서 잠깐 얼굴 좀 뵙지요."

동진은 사무실에 도착하자마자 최 회장이라는 사람에게 전화를 했다.

"사무실로 가기는 늦었고 저녁식사나 함께 합시다."

송화기 너머 들려오는 음성이 옆에서 듣기에도 매우 호쾌하게 들렸다.

참치요리전문점 '어가漁家'는 일본식 다다미로 바닥을 깔고 방 가운데 식탁을 배치하고 있었다. 식탁 가운데는 발을 내릴 수 있게 되어 있어 마치 의자에 앉아 음식을 먹는 느낌이 들었다. 1인당 12만 원의 메뉴가 차려져 나왔다. 무척이나 정갈하고 깔끔해 보였다. 참치의 이름은 참다랑어라고 했다. 횟감용으로 어체 중량이 30kg이며, 부위별로 붉은색과 상아색이 조화를 이룬, 결이 고운 육질을 갖고 있는 최고급 어종이라는 설명이었다. 육안으로 보기에 바나나를 썰어 놓은 듯한 부위는 그 맛이 우유를 굳힌 것과 같이 고소했고 소고기의 꽃등심을 썰어 놓은 듯한 부위는 마치 육회를 그대로 먹는 맛이었다. 동진으로부터 제로니 플라자에 관한 설명을 들은 최 회장은 대단히 만족하는 표정이었다.

아울러 최 회장은 석환에게 입찰대리를 부탁했다. 초면임에도 불구하고 동진의 추천에 최 회장은 석환을 대리인으로 정하는 데 망설이지 않았다. 뜻밖의 결정에 화들짝 놀란 석환에게 동진은 눈을 찡긋하며 속삭였다.

"너무 걱정하지 마. 부딪히면서 배우는 것도 좋은 공부라네. 내가 곁에서 적극 도울 테니까 안심하게. 자네에겐 좋은 기회가 되어 줄 걸세."

석환은 동진의 배려에 감격하지 않을 수 없었다. 그는 고마운 마음이 담긴 시선을 동진에게 보내며 살며시 고개를 끄덕였다.

이튿날 아침, 석환은 최 회장이 내준 에쿠스 승용차에 몸을 실었다.

최저가 40억원에 법정 분위기에 따라 약간 더 얹어 쓰기로 하고, 석환은 수원지방법원 평택지원으로 서둘러 차를 몰았다. 넉넉하게 시간을 잡고 출발했음에도 러시아워 탓에 차가 밀려 마감시간에 임박해 겨우 도착을 할 수 있었다. 막상 도착은 했으나 주차할 곳이 마땅치 않아 길가에 불법주차를 한 석환은 법원으로 냅다 뛰었다.

입찰법정 안은 발 디딜 틈 없을 만큼 복작했다. 석환은 숨도 돌리지 못한 채 휴대폰으로 최 회장에게 분위기를 전했다.

"40억 2,000만원을 적어냅시다."

석환은 최 회장의 지시에 따라 기일입찰표를 작성했다.

응찰가는 일단 한 번 기입을 하면 어떠한 경우라도 정정할 수 없고 만약 정정한 흔적이 발견되면 무조건 무효 처리되고 만다. 따라서 여간 조심하지 않으면 안 된다. 기일입찰표 작성을 끝낸 석환은 도장 날인을 하여 최 회장의 인감증명서와 위임장 그리고 석환 자신의 주민등록증을 꺼내 법정에 앉아 있는 집행관에게 응찰봉투와 함께 제출했다.

집행관은 넘버링을 찍고 접수증을 떼어내 석환에게 주었다. 이로써 일차적인 문제는 넘기고 발표만 기다렸다. 하지만 막상 입찰봉투를 제출하고 돌아서는데 잘못 기입한 부분이 있는 것 같아 석환은 매우 불안했다. 다른 사람의 일을 처리하면서, 그것도 수십억 원의 물건에 입찰하면서 실수한다면 이만저만 낭패가 아니었다. 석환은 초조한 마음으로 기다렸다. 일각이 여삼추처럼 느껴졌다. 입찰봉투가 정리되고, 마침내 개찰이 시작되었다. 석환의 불안감은 최고조에 달했다. 하지만 기우였다. 석환의 단독입찰이었다.

법정을 나와 동진에게 결과를 알리고 길에 세워둔 에쿠스 승용차를 찾았으나 눈에 띄지 않았다. 한참을 헤맸지만 도저히 차를 찾을 수 없었다. 석환은 너무나 황당했다. 혹시 하는 마음에 처음 주차했던 곳으로 돌아간 석환은 길바닥에 뭔가 붙어 있는 걸 발견했다.

'차량 견인통보서.'

불법주차로 인하여 차가 견인된 것이다. 불법주차요금을 납부하고 겨우 차량을 인도받은 석환은 서둘러 부천으로 향했다. 석환은 운전을 하면서 한 번쯤 윤정을 찾아보아야 하겠다고 마음먹었다. 그녀와 경매에 관해 진지한 대화를 갖고 싶었다.

"난 장 사장에게 많은 걸 배웠네. 한 번 가서 고맙다는 인사를 건넬 생각이야. 이번 일도 장 사장 아니면 그냥 지나칠 뻔했어."

동진의 진심이었다.

"단순히 '싸게 사서 비싸게 판다'는 평범한 진리를 뛰어난 안목으로 활용해서 다양한 수익을 창출할 수 있는 방법을 찾은 장 사장은 정말 대단한 인물입니다."

석환의 입장에서는 장 사장의 수완도 놀라웠지만 장 사장과의 대화를 통해 큰 기회를 발견해낸 동진도 그저 놀라울 따름이었다.

나중에 들은 이야기이지만, 토지를 낙찰받은 최 회장은 '지료'를 무기로 건물주와의 협상 끝에 갑절 이상의 차익을 남기고 토지 소유권을 넘겨주었다고 했다. 건물주 최판식은 법정지상권이 성립하는 만큼 누구도 토지 물건에 입찰하지 않을 것이라고 방심하다가 값비싼 대가를 치르고 말았다.

투자자가 꼭 알아야 할
경매용어

- **지상권**

  남의 땅을 빌려서 건물을 지어 사용하고자 할 때 지상권설정계약을 하고 그 내용을 등기하는 것을 지상권, 즉 그 땅을 사용할 수 있는 권리를 뜻한다. 이때 땅주인을 지상권설정자, 건물을 짓는 사람을 지상권자라고 한다.

- **지료**

  지상권자가 토지 사용의 대가로 토지 소유자에게 지급하는 금전이나 그 외의 물건을 말한다.

- **감정평가액**

  집행법원은 감정인으로 하여금 부동산을 평가하게 하고 그 평가액을 참작하여 최저매각가격을 정한다. 감정인의 평가액을 그대로 최저매각가격으로 정해야 하는 것은 아니지만 실무에서는 대부분 감정인의 평가액을 그대로 최저매각가격으로 정하고 있다. 감정평가서에는 최소한 감정가격의 결정을 뒷받침하고 응찰자의 이해를 도울 수 있도록 감정가격을 산출한 근거를 밝히고 평가요항, 위치도, 지적도, 사진 등을 첨부해야 한다. 그리고 이 감정평가서는 매각기일 1주일 전부터 매각물건명세서에 첨부하여 일반인의 열람이 가능하도록 비치하게 되어 있다.

- **저당권과 근저당권**

  채무를 담보하기 위해 채무자 또는 제3자가 제공한 담보물을 인도 받지 않고 관념적으로 이를 지배하며 채무를 갚지 않을 때는 이를 경매신청하여 우선변제 받는 권리다. 또한 채무자 또는 제3자가 점유를 이전하지 않고 채무의 담보로 제공한 부동산에 대해 다른 채권보다 우선변제 받는 담보 물권을 의미한다. 저당권은 비배타적 권리이므로 동일한 목적물에 순위가 같거나 다른 수개의 저당권을 설정할 수 있다. 예를 들어 A은행의 1번 저당권이 설정된 후 B저축은행으로부터 2번 저당권을 성립할 수 있다.

  저당권이 설정된 후 저당권이 이전(C은행으로부터 D보험회사로 저당권이 이전)되거나 빌려준 돈의 이자율이 증가해 변경등기를 하는 경우 등기로 인해 이익을 보는 저당권자가 등기권리자가 되고 반대로 불이익을 보는 저당권설정자가 등기의무자가 돼

공동으로 신청한다.

반면 근저당권이란 채권의 등기된 최고액 범위 내에서 채무자가 부담해야 하는 채무 일체를 피담보채권으로 설정하는 권리를 말한다. 피담보채권이 증감 변동할 수 있다는 점에서 일반 저당권과는 다르다. 대리점계약이나 주택담보대출의 경우 근저당권 등기가 많이 이뤄진다.

근저당권이 설정돼 있는 경우 일반 저당권과 달리 채무자가 부담하는 채권이 증감 변동하므로 근저당권자에게 현재 남아 있는 채권액이 얼마인지 확인해야 한다. 설사 피담보채권을 전부 변제했더라도 근저당권은 존재하므로(쉽게 말해 빚) 근저당권의 특징은 담보물권이 가지는 성질 중 하나인 부종성(피담보채권인 빚이 있어야 담보물권인 저당이 성립한다는 원칙)의 완화라 할 수 있다.

● **매수보증금**

경매물건을 매수하고자 하는 사람은 최저매각가격의 10분의 1에 해당하는 보증금액을 입찰표와 함께 집행관에게 제출하는 방법으로 제공해야 한다. 매각절차가 종결된 후 집행관은 최고가매수신고인이나 차순위매수신고인 이외의 매수신청인에게는 즉시 매수보증금을 반환해야 한다. 매각허가결정이 확정되고 최고가매수인이 대금지급기한 내에 매각대금을 납부하면 차순위매수신고인의 보증금을 반환하게 되고, 만일 최고가 매수인이 납부를 하지 아니하면 그 보증금을 몰수하여 배당할 금액에 포함하며, 이후 차순위매수신고인에 대하여 낙찰허가여부의 결정 및 대금납부의 절차를 진행하게 되고 차순위매수신고인이 매각대금을 납부하지 아니하면 역시 몰수하여 배당할 금액에 포함하여 배당하게 된다.

● **집합건물**

1동의 건물 중 구조상 구분된 수개의 부분이 독립한 건물로서 사용될 수 있을 때에는 그 각 부분은 '집합건물의소유및관리에관한법률'이 정하는 바에 따라 각각 소유권의 목적이 될 수가 있으며, 이 각각의 구분소유권으로 독립할 수 있는 건물의 집합체를 집합건물이라고 한다. 집합건물의 종류에는 아파트, 다세대주택, 빌라, 연립주택, 오피스텔, 상가, 상가형 공장 등이 있다.

조선안의
실전경매 이야기

4장

성공투자는 지식이 아니라
지혜가 만든다

"정말 장군 멍군이 따로 없네요. 장 사장님 경매 마인드에 정말 감탄했고, 동진 형님도 장 사장님 말 한 마디에 힌트를 얻어 이번 제로니 플라자 건을 낙찰받은 건 그야말로 용호상박의 대단한 장면을 보는 것 같았습니다."

석환은 마음먹은 대로 가등을 찾았다. 처음에는 동진과 동행을 하려고 했지만 동진이 최 회장과 선약이 있는 관계로 혼자 오게 된 것이다. 저녁 6시가 채 안 된 시간에 도착했는데, 이미 윤정이 가게에 나와 있었다.

"사무장님 정말 놀라운 분이시네요. 저는 그저 제가 들었던 이야기만 전했을 뿐인데, 그걸 놓치지 않고 적용해 경이로운 수익을 내다니, 멋진 경매고수이십니다."

　대화를 나누다보니 윤정이 경매에 입문하게 된 계기는 특이했다. 윤정은 정동구를 만나면서 경매에 눈을 떴다고 했다. 윤정의 아버지는 윤정의 어머니와 사별한 후 정동구와 함께 경매일을 하셨다. 윤정의 아버지는 투자자금을 제공하는 쪽이었고, 경매 실전 참여는 정동구가 맡았다. 윤정은 두 사람이 벌이는 경매투자를 지켜보면서 경매에 자연스럽게 관심을 갖게 됐다. 그러던 어느 날, 윤정의 아버지가 병환으로 세상을 달리하셨다. 그후 아버지를 대신해 모든 걸 자상하게 보살펴주던 정동구의 권유로 윤정은 본격적으로 경매에 뛰어들었다. 윤정의 남편 또한 병환으로 일찍 세상을 떠났고, 남편에게서 상속받은 재산과 정동구가 일부 증여한 자금을 갖고 윤정은 경매투자에 참여해왔다.

　"명장 밑에 약졸 없다더니, 아버님과 정동구 선생님께서 장 사장님의 오늘날을 지켜주셨군요."

　"호호, 네. 두 분께 언제나 깊은 감사를 드리며 살고 있죠."

　회상에 젖었던 윤정이 석환을 바라보며 웃음을 지었다.

　"그나저나 석환씨, 이번에 제가 어떤 사람에게서 소개받은 물건이 있는데, 권리관계가 엄청나게 복잡해요. 사무장님이랑 석환씨께서 저를 도와 낙찰받을 수 있도록 해주시겠어요?"

　윤정이 문득 진지한 표정을 지으며 부탁했다.

　"에고, 제가 무슨 도움이 될지 모르겠지만 언제든 불러만 주시면 힘닿는 대로 성심껏 도와드릴게요. 동진 형님도 장 사장님께 감사한 마음이 크니까, 당연히 도와드릴 거예요. 너무 걱정하지 마세요."

"아, 정말 감사합니다!"

윤정의 얼굴이 활짝 펴졌다. 석환은 밤이 이슥해질 때까지 윤정과 이야기꽃을 피웠다.

"형님, 사무실에 계셨네요."

이튿날, 석환이 오전에 동진이 부탁한 일을 마치고 사무실로 들어서자 동진이 자리를 지키고 있었다.

"어서 와. 어제 술 많이 했을 텐데 속은 괜찮아?"

두 사람은 자판기 커피를 한 잔씩 뽑아 들고는 회의실 탁자에 마주 앉았다.

"괜찮습니다. 그것보다 장 사장이 경매사건을 의뢰했어요. 이거 한번 살펴보세요."

석환은 사건 내용이 담긴 출력물을 동진에게 건넸다.

"흠, 나이트클럽을 운영하려고 인테리어를 했고, 공사비를 받지 못해서 유치권신고를 했고, 신고액이 자그마치 19억원이네. 이거 피했으면 좋겠는데, 장 사장은 이걸 낙찰받아서 어떻게 하시려는 거지?"

"아는 사람이 소개했는데 될 수 있으면 꼭 받았으면 하는 눈치였어요."

"지금 몇 시야? 11시네. 일어나셨을까?"

"잠깐만요."

석환이 윤정에게 휴대폰으로 전화를 건 다음, 동진을 바꿔주었다.

"안녕하세요? 문동진입니다. 일어나셨네요. 부탁하신 사건 살펴 봤는데요, 유치권 때문에 입찰을 안 했으면 해서요. 네, 네, 알았습 니다. 끊겠습니다."

동진이 휴대폰을 내려놓고 옅은 한숨을 쉬었다.

"장 사장이 뭐래요?"

"정 안 된다면 할 수 없지만, 들어갔으면 좋겠대."

"어떻게 하실 거예요?"

"고민 좀 해야지. 그런데 장 사장은 경매 경력이 있는데도 유치 권에 대해서는 전혀 모르나보네."

마침내 윤정이 부탁한 경매사건 입찰일의 날이 밝았다. 동진은 윤정의 간절한 청을 차마 뿌리치지 못한 채 일단 입찰에 참여하기 로 결정했다. 그리고 석환을 입찰대리인으로 임명해 경매법정으로 보냈다. 경매법정 복도 양옆에는 도열하듯 경매지를 파는 아줌마들 이 줄지어 서 있었다. 대출쪽지를 쥐어주며 접근하는 아줌마들도 진을 치고 있었고 항상 경매정보지를 둘둘 말아 뒷주머니에 찔러넣 고 경매법정을 어슬렁거리는 부동산 업자들의 모습도 보였다.

석환은 벽에 붙어 있는 응찰자 주의사항을 꼼꼼하게 읽어본 후 그 옆에 부착되어 있는 물건목록을 신중하게 점검했다. 경매물건에 관해 변동사항이 있는지의 여부를 체크해보기 위해서였다. 이번 물건은 상가 건물로 14층 건물의 6층과 7층이 일괄 경매매물로 나왔다. 각 층에는 나이트클럽 영업을 위한 인테리어 공사가 되어 있었고 최초 경매가는 층당 12억원씩 24억원이었다. 하지만 6층과 7층의 인테리어비용 19억원을 받지 못한 이유로 유치권 신고가 되어 있는 까닭에 4억 2,000만원선까지 가격이 떨어져 있었다. 유치권 행사 중인 경매물건은 낙찰을 받더라도 유치권자들이 건물을 점유하고 있어, 유치권을 해결하기 전에는 건물을 사용할 수 없다. 유치권을 해결하기 위해서는 유치권자가 요구하는 공사금액을 지불해야 한다. 따라서 유치권자에게 지불해야 하는 만큼의 액수를 고려하여 입찰가를 결정해야 한다. 만약 윤정이 4억원대에 물건을 낙찰받는다 해도 유치권자들에게 19억원을 추가로 지불해야 한다면 결국 제 가격을 전부 주고 사는 결과가 되고 만다. 게다가 나이트클럽을 운영한다면 모르되 타 업종으로 변경한다면 19억원은 공중에 날리는 돈이 될 수도 있다.

"경매법정은 부동산 경기와 밀접한 관계가 있다고 할 수 있습니다. 부동산 경기가 호황이면 경매법정은 덜 붐비고, 불황이면 매우 분주한데 왜 그런지 아세요?"

비교적 한산한 경매법정 한 모퉁이에서 넉넉한 몸집의 중년여성에게 열정적 제스처를 써가며 열심히 설명을 하고 있는 남자가 있었다. 석환은 그가 누구인지 알고 있었다. 동진을 따라 경매법정에 드나들다가 동진의 소개로 통성명을 하게 된 사람이었다. 이름은 윤웅배로 대한민국 특전사 출신임을 자랑으로 여기며 남자는 매너에 죽고 매너에 살아야 한다고 목소리를 높이는 이른바 경매부자(?)였다.

윤웅배는 각종 동문회, 동호회 등에 가입해 철저히 여성만을 고객으로 끌어들여 경매에 투자하게끔 유도함으로써 수익을 나눠 갖거나 물건을 알선해준 후 거액의 알선료를 받아 많은 돈을 벌었다고 한다.

"전 잘 모르죠."

중년여성은 손으로 입을 가리며 자신이 어떻게 알겠느냐는 투로 심드렁하게 대답했다.

"부동산 경기가 좋으면 채무자는 경매를 당하기 전에 자신의 부동산을 일반 부동산 시장에서 매각하게 마련이죠. 따라서 좋은 경매물이 잘 안 나옵니다. 하지만 IMF 외환위기 시절과 같이 경기가 공황상태에 빠지면 일반매매는 자취를 감춥니다. 그리고 매매되지 않은 물건이 경매시장으로 유입됩니다. 따라서 경매물건이 쏟아집니다. 고수들은 이때 수익성 높은 물건을 잡았다가 경기가 회복되면 높은 가격에 팔아 큰돈을 만지는 겁니다. 부동산 경기는 4년을 주기로 회복기, 호황기, 침체기, 불황기를 반복하는 사이클을 가지고 있습니다. 따라서 초불황의 시절이 있으면 그 회복기도 반드시 온다고 고수들은 믿는 거죠."

멀찌감치 서서 무심코 엿듣고 있던 석환은 자신도 모르게 고개를 끄덕였다. 경매고수들은 저마다 자신만의 지론을 갖고 투자에 임한다. 장 사장이나 문동진, 최 회장의 사례가 그 좋은 증거다.

이윽고 오전 10시가 되자 입찰이 시작되었다.

물건명세표를 열람하기 위해 응찰자들이 앞으로 우르르 몰려 나갔다. 물건명세표에는 경매물건에 대한 설명과 권리관계(임대차관계, 지상권, 유치권 등)가 기재되어 있다. 따라서 응찰을 하기 전에 필수적으로 열람을 해야 한다.

경매고수들은 이때를 각 입찰물건의 경쟁력 정도를 가늠하는 기회로 삼는다. 특정물건에 대해 열람하려는 사람들이 많으면 그만큼 경쟁력이 있는 물건으로 파악을 하여 입찰가를 상향조정해 입찰에 응하는 것이다.

석환은 메모지에 적어둔 사건번호와 최저가를 몇 번이고 들여다보았다. 입찰가격을 아무리 높게 적어낸다 해도 사건번호를 잘못 적어내면 무효처리가 된다. 또한 입찰가를 정정 기입해서도 안 되며 응찰가보다 실제 금전을 부족하게 넣어도 무효처리가 되기는 마찬가지다. 입찰가를 변경해야 할 필요가 있을 경우 반드시 새로운 기일입찰표를 사용해야 한다.

석환이 입찰봉투와 입찰표 그리고 입찰금봉투를 받아 나오는데 집행관 사무실의 열람담당 여직원이 '00타경×5631 사건' 기록부를 신청한 사람을 찾는 목소리가 들렸다. 00타경×5631 사건? 그

건 바로 석환 자신이 응찰하려는 물건이 아닌가! 순간 석환은 긴장하며 과연 열람 신청자가 누구인가를 살폈다. 신청자는 다름 아닌 윤응배였다.

"최저가가 4억 2,000만원이지? 그렇다면 4억 7,000만원을 적어 내!"

석환이 동진에게 전화를 걸어 윤응배가 붙은 것 같다고 보고하자, 동진은 최저가에 5,000만원을 더 얹어 적어낼 것을 지시했다.

석환은 심호흡을 한 후 천천히 글씨를 그리듯 조심스럽게 응찰가를 적었다. 0자가 6자처럼 보이는 것 같아 꺼림칙했지만 다시 고칠 수는 없어 그대로 대봉투에 담아 제출했다.

결과는 석환과 윤응배 두 사람이 응찰, 윤응배보다 600만원을 더 써낸 윤정이 최고가매수신고인이 되었다.

"누구신가 했더니 문동진 사무장님과 같이 일하시는 분이시군요, 축하합니다."

"감사합니다."

석환은 윤응배가 진심으로 축하인사를 건네고 있는 건 아니라는 느낌이 들었다. 그는 자신이 대동한 중년여성에게 이번 물건에 대한 경매알선을 주선하려다가 뜻밖에도 석환이 출현하는 바람에 실패하고 만 것이다. 중년여성은 보증금을 돌려받고, 석환은 영수증을 받아 다시 경매계로 돌아가 동진이 지시한 대로 경매신청서와 유치권신고서를 복사해 가지고 사무실로 돌아왔다.

"장 사장이 물건은 싸게 샀는데, 내용이 생각보다 복잡해. 좀더 강력하게 말렸어야 했는데, 아무래도 잘못하지 않았나싶군."

석환이 복사해온 서류를 살피는 동진의 얼굴이 어두웠다. 이번 경매사건에 관해 그 내용 파악을 모두 끝마친 것 같았다.

"얼마나 복잡한데요?"

"보통 평범한 사람들이 나이트클럽을 운영하기란 쉬운 일이 아니지."

"그렇죠. 장 사장도 그걸 알 텐데 왜 굳이 낙찰을 받고자 했을까요?"

"수익이 날 것 같으니까 그랬겠지. 아니면 정말 전혀 다른 목적 때문이거나."

"형님, 유치권으로 신고된 금액이 장난이 아닌데 괜찮을까요?"

"일단은 인테리어 비용이기 때문에 유치권 걱정은 안 하고 낙찰받기는 했는데, 내가 너무 안일하게 생각한 것 같아."

동진의 표정이 다시 어두워졌다.

"인테리어 비용을 가지고는 유치권 행사를 못 하나요?"

"대법원 판례를 보면 그래."

"그럼, 19억원 안 물어주고 인도명령신청을 해서 간단히 내보내면 되겠네요. 뭘 그리 걱정하세요?"

석환은 비로소 안심을 하며 동진의 안색을 살폈다.

소유자, 임차인 등과 같이 건물에 입주해 있는 사람을 '점유자'

라고 한다. 이러한 점유자들이 낙찰받은 물건으로부터 자진해서 나가주지 않으면, 이들을 내보내기 위해서는 '명도소송'을 해야 한다. 그러나 명도소송은 비용이 많이 들고 소송기간이 길어 경매절차를 진행하는 데 많은 장애가 된다. 개편된 민사집행법은 이러한 불편을 해소하기 위해 '인도명령제도'를 채택하여 아무런 이유 없이 퇴거에 불응하는 점유자를 명도소송을 거치지 않고 인도명령으로 간편하게 내보낼 수 있도록 하였다.

"일단 유치권 신고가 되어 있으면 유치권자는 일반 점유자와 달리 대부분, 아니 대부분이 아니고 거의 인도명령신청을 받아주지 않아."

"대법원 판례에도 인테리어 비용으로는 유치권이 성립되지 않는다면서요?"

유치권은 신축공사대금과 같이 건물과 직접적인 관계에서 발생한 비용의 청구가 아니면 성립될 여지가 없다. 특정한 영업을 하기 위한 목적으로 소요된 인테리어 비용은 영업의 내용이 바뀌면 모두 철거해야 하기 때문에 건물과 직접적인 관련이 있다고 볼 수 없으므로 유치권이 성립될 여지가 없다는 것이 대법원 판례의 입장이다.

"대법원 판례가 있더라도 재판은 거쳐야 돼. 하지만 재판이 붙으면 엉망이 돼버려. 유치권자가 끈질기게 물고 늘어지면 2년 가까이 재판을 끌 수가 있는데, 그렇게 되면 시설 노후되지, 그간 장사도 못하면서 관리비는 꼬박꼬박 내야 하지, 다른 데 매매도 할 수 없지… 하여간 어떻게 하든지 재판을 하지 않고 내보낼 수 있는 방법을 찾아야 해."

법원은 인도명령을 내리기 전에 낙찰자와 유치권자를 모두 불러 심문을 한다. 심문 중에 판사는 유치권자에게 유치권을 행사하는 이유와 근거를 제시하라고 한다. 이때 유치권자는 주로 공사계약서를 제시한다. 제시한 공사계약서가 비록 보기에 허위로 작성된 것이라는 심증이 갈지라도 확정적이지 않으면 인도명령결정은 내주지 않는다. 유치권 신고가 된 낙찰물건은 유치권 성립 여부를 떠나 제1금융권에서는 융자도 해주지 않는다.

"그럼, 이거 정말 쓸데없이 괜한 짓 한 거 아닌가요?"

아직까지 실전 경매 경험이 일천한 석환은 동진의 말 한마디에 일희일비할 수밖에 없었다.

"유치권 신고가 되어 있는 물건은 될 수 있는 한 피하는 게 상책 중의 상책이야."

이 같은 동진의 판단에도 분명 일리가 있었다. 하지만 당시 동진은 유치권이 성립하면 성립하는 대로 수익을 올릴 수 있는 방법이 존재한다는 사실은 전혀 모르고 있었다.

"흠, 보증금만 날리는 거 아닙니까?"

"여기 서류를 보면 경매신청은 전기공사업자인 구본철이 약속어음 공정증서에 집행문을 받아서 했고, 건물주는 오정운이란 말이지. 유치권신고서를 보면 전기, 조명, 타일, 간판, 설비 등 20여개업자가 붙어서 시설을 한 건데, 그 많은 업자들 놔두고 오정운이 유독 구본철한테만 8억원짜리 약속어음을 주고 게다가 어음공증까지 해줬다는 게 석연치 않아. 그리고 또 한 가지, 다른 공사비에 비해 전기공사금액이 너무 많아."

"그게 뭐 문제가 되나요?"

"그렇다는 거지 뭐."

"어떻게 하죠?"

"차차 생각해보자. 이거야 원, 순서가 거꾸로 돼도 한참 거꾸로 됐네."

"거꾸로 됐다니요?"

"먼저 고민해보고 입찰을 들어가든지 말든지 했어야 하는데 미리 일부터 저질러 놓았으니 하는 말일세. 그건 그렇고 보증금을 포기할 때 포기하더라도 자넨 현장엘 한번 가봐."

동진의 지시를 받은 석환은 곧장 나이트클럽으로 갔다. 6층에서 엘리베이터를 내린 석환은 클럽 출입문을 힘껏 당겼지만 꼼짝도 하지 않았다. 안으로 굳게 잠겨 있었던 것이다. 실내엔 불이 꺼져 있었으나 해가 들어 그리 어두운 편은 아니었다. 대형 출입문 위로 '유치권 행사 중'이란 글자가 인쇄된 커다란 현수막이 붙어 있었다. 다시 안을 자세히 들여다보니 인기척이 느껴졌다. 문을 두드렸으나 아무도 나와 보는 이가 없었다. 석환은 하릴없이 서성이다가 돌아서 나왔다.

"형님, 다녀왔습니다."

"어때?"

"현수막 걸려 있고, 사람들 지키고 있고 그래요."

석환의 말에 따르면 일단 보여지는 유치권은 그런 대로 행사되고 있는 것 같았다.

"딱히 특별한 점은 안 보였어?"

"흠, 잘 모르겠던데요."

석환과 동진은 말없이 서로 생각에 잠겼다. 그때 서한의 휴대폰이 진동하기 시작했다.

"여보세요. 아! 예, 시간 있어요… 그럴게요."

석환이 전화를 끊고 동진을 바라보았다.

"형님, 가등의 장 사장님이 저녁 때 가게에서 좀 뵙자고 하네요. 이번 경매사건에 대해 함께 검토를 하자고 합니다."

"그래? 그럼 있다가 같이 가세나."

"어서 오세요."

동진과 석환이 가등에 들어서자 윤정이 반갑게 맞아주었다. 윤정의 안내를 받아 두 사람은 작은 방에 들어가 자리를 잡았다.

"고기가 있어서 소주로 준비했는데 괜찮으시겠어요?"

"하, 그럼요."

자리에 앉은 동진이 미소를 지으며 감사의 뜻을 표했다.

"보름 후면 잔금납부 기일입니다."

"예, 돈은 준비됐어요."

윤정이 불판에 고기를 얹으며 말했다. 잘 달궈진 불판은 빠르게 고기를 익혀갔다.

"형님, 유치권 때문에 예기치 않은 문제가 발생하지 않을까요?"

석환이 동진과 윤정의 잔에 차례로 술을 따랐다.

"장담할 수 없어. 그래서 드리는 말씀인데 만약 장 사장님이 보증금을 포기해야 하는 상황이 발생하면 수용할 수 있겠어요?"

동진이 윤정의 표정을 살폈다. 보증금이 적지 않은 만큼 동진은 정녕 윤정이 걱정됐다.

"이게 그만큼 어려운 사건인가요?"

"시간과의 싸움이라고 할 수 있어요. 장 사장님이 어떤 목적을 갖고 낙찰을 받겠다고 하셨는지 모르지만 유치권 소송을 하고 그쪽에서 최대한 버티면 클럽을 방치한 채 2년까지 갈 수도 있어요."

"시간이 걸린다는 건 비단 우리에게만 불리하게 작용하는 건 아닌 듯합니다. 우리는 싸게 샀으니까 시간이 걸린다 해도 버틸 실익이 있지만 저들은 사무장님 말씀대로라면 결국 공사대금을 받지도 못하면서 시간만 끈다는 거잖아요? 업자들이라면 무엇보다 일을 해야지, 일은 안 하고 하루 이틀도 아니고 거기만 지키고 있을 수도 없을 텐데요."

과연 장 사장다운 예리한 분석이었다.

"흠, 저쪽 입장에서 보면 그럴 수도 있겠네요."

동진은 내심 다시 한번 놀랐다. 낙찰자 입장에서만 분석을 하다 보니 시간이 소요된다는 것이 불리하게만 작용하는 것으로 판단했으나 입장을 바꿔보면 유치권자도 유리할 것이 없었다. 윤정의 사건을 꿰뚫어보는 안목과 통찰이 대단했다.

"우선 한잔씩 하죠. 고기도 익었는데."

조바심이 난 석환은 갈증이 나는 듯했다. 석환의 제안에 세 사람은 단숨에 잔을 비웠다.

"여보세요? 네, 네, 빨리 오세요."

잔을 비운 윤정이 누군가에게서 걸려온 휴대폰을 받았다.

"누가 또 오시나요?"

"목수 일을 하시는 분인데 우리 가게 단골이세요. 이번에 우리가 낙찰받은 클럽의 일을 맡아서 하시다가 크게 손해를 보셨다는군요. 사실 저도 그분을 통해 정보를 얻어서 경매 나온 걸 알게 되었답니다. 서로 인사 나누시면 좋을 것 같아서 오시라고 했어요."

"아니, 그럼 유치권자란 말씀이세요?"

석환이 약간 놀라는 표정으로 물었다. 유치권자는 현재의 입장에서는 적이나 다름없지 않은가?

"실례합니다."

문이 열리고 40대 중반의 사내가 얼굴에 미소를 띠고 들어섰다. 약간 마른 체형에 얼굴이 검은 편이었다.

"어서 오세요. 좀 늦으셨네요."

윤정이 자신의 오른쪽으로 자리를 잡아주고 술잔과 식기를 준비해 주었다.

"강병곤이라고 합니다. 장 사장 통해서 말씀은 많이 들었습니다."

동진과 석환도 자리에서 일어나 차례로 악수를 하고 통성명을 했다. 잠시 어색한 침묵이 흘렀다.

"나이트클럽 시설 일을 하셨다고 들었습니다."

어색한 침묵을 깬 건 동진이었다.

"예, 고생 좀 하고 있습니다."

그는 일을 하고 돈을 받지 못한 상황을 '고생'이라고 표현하고 있었다.

"강 사장님도 지금 그 클럽을 지키고 계시나요?"

석환이 듣기에 따라 좀 무례하다 싶은 질문을 던졌다. 공사업자라면 유치권을 행사하기 위해 점유를 하고 있으리란 생각에서 던진 질문이었다.

"아뇨."

"제가 클럽에 가보니까 분명 사람들이 있는 것 같던데요?"

석환이 다시 물었다.

"글쎄요, 구본철이라는 자가 보낸 사람들인가 보군요. 우리 업자들은 거기 안 가요. 아니 안 가는 게 아니고 못 들어오게 해요."

"네? 못 들어오게 한다고요?"

이번에는 동진이 놀란 눈으로 물었다.

"구본철이라는 사람이 전부 알아서 한다고 해가지고 안 가기도 하지만, 일단 다른 일이라도 해야 입에 풀칠이라도 하죠."

"구본철씨라면 강 사장님과 같이 시설공사를 맡은 분이신 것 같은데, 지금 강 사장님 말씀 들어보면 구본철씨를 사장님도 잘 모르시나보네요?"

동진은 언뜻 짚이는 것이 있었다. 업자끼리는 공사기간 중 지연스럽게 술자리도 같이하고 많은 대화를 나누기 때문에 가까워진다. 그러나 강병곤의 말투에서는 구본철과의 어떤 친분도 찾아볼 수 없었다.

"얼굴도 못 봤어요. 전기공사는 구본철 밑에서 일한다는 사람들이 와서 했어요. 실제로 구본철을 직접 만난 적은 없어요. 이번에 경매도 그 사람이 집어넣은 거고 유치권 신고하자고 선동한 것도 그 사람이 했다고 하더라고요. 유치권신고서 갖고 왔기에 도장만 찍어줬어요. 그러면 돈 받아준다고 해서요. 그 바람에 오정운이는 돈 못 준다고 저렇게 펄펄 뛰고 있는 거예요."

"오정운은 자기가 공사 시켜놓고 왜 돈을 못 준다는 거죠?"

"나이트클럽 코너 분양하고 영업권 지분 팔아서 공사비를 전부 해결해 주려고 했는데 업자측에서 경매 부치고 유치권 신고해서 코너 분양도 해약 당하고, 지분에 참여할 사람들도 전부 캔슬됐다는 거예요. 그래서 업자들 때문에 오히려 망했다는 거죠. 상황이 이 지경이라 누구 하나 오정운이한테 뭐라고 말도 못 하고 있어요."

"현재 공사대금은 얼마나 받으셨어요?"

"하나도 못 받았죠."

"다른 업자들도 마찬가집니까?"

"다 저랑 똑같은 신세입니다."

동진은 경매신청서를 떠올렸다. 다른 업자들은 모두 공사대금에 관해 한푼도 못 받았는데, 유독 구본철만 약속어음을 받았다… 문득 동진의 머릿속에 그려지는 그림이 있었다.

"내일부터 자네는 구본철과 건물주 오정운의 관계를 파악하는 데 주력해봐."

"형님, 제가 건물주나 구본철의 얼굴을 알아야 관계를 파악할 수 있을 텐데요."

"나도 몰라. 일단 부딪혀봐."

"장 사장, 나 또 다른 약속 때문에 가봐야 하겠는데."

강병곤이 자리에서 일어섰다.

"우리도 가지, 내일 할 일이 많을 거 같아."

동진이 일어서자 석환도 따라 일어섰다.

이튿날, 점심을 먹고 난 후 석환은 우선 현장을 둘러볼 요량에 나이트클럽이 있는 상가로 향했다. 엘리베이터에서 내려 클럽 입구에 들어서니 예전처럼 출입문이 안으로 잠겨 있었다. 점포 내부를 들여다보니 불은 꺼져 있으나 안에서 인기척이 있었다. 무조건 누구든 만나보자는 생각에 석환은 문을 세차게 두드렸다. 한참을 두드리고 나서야 덩치가 남산만한 젊은 사내 하나가 어슬렁어슬렁 안에서 입구 쪽으로 다가왔다.

"뭐여? 영업 안 혀! 걍 가슈."

말을 마친 사내가 다시 안으로 들어가려 할 때 석환이 다시 문을 힘껏 두드렸다.

"뭐야! 영업 안 한다니깟!"

안에서 사내가 멱살잡이라도 할 듯이 문을 열어젖혔다. 문이 잠긴 상태에서 바깥에서 바라보았을 땐 식별이 안 되었지만, 가까이서 보니 머리를 바싹 짧게 자른 모습이 흔히 말하는 건달 같았다.

"실례합니다."

석환은 싸움을 원치 않아 될 수 있는 한 예의를 갖추고 겸손하려 애썼다.

"아, 진짜! 꺼지라니까 왜 이렇게 말이 많아!"

"여쭤볼 게 좀 있어서 그렇습니다."

"꺼지라고 자식아!"

사내는 거칠게 석환의 어깨를 밀어 붙였다.

"아, 잠깐만요."

"말로는 안 되겠군! 몽둥이 찜질이라도 당해볼 텐가!"

사내는 사나운 개처럼 으르렁댔다. 바깥에서 소란이 커지자 안에 있던 일행들이 몰려 나왔다. 일이 심상찮게 돌아가고 있었다.

"뭐야?"

일행들 가운데 돼지처럼 뚱뚱한 사내가 석환을 향해 다가왔다. 순간 석환은 바짝 긴장했다.

"이 클럽을 낙찰받은 사람입니다. 몇 가지 여쭤볼 것이 있어서요."

"낙찰이 뭐여? 곱게 보내줄 때 돌아가!"

건달들처럼 보였지만 설마 사람을 치랴 싶었다. 긴장을 해서인지 처음과 달리 어두운 곳에 점점 적응이 되면서 시야가 한층 밝아졌다. 그래, 호랑이굴에 들어가도 정신만 차리면 살 수 있다. 어디 갈 때까지 가보자! 석환은 두려움을 지우기 위해 안간힘을 쓰며 눈을 치켜떴다.

"가만… 너 용일이 아니냐? 김용일이!"

정신을 차리고 보니 뚱뚱한 사내가 바로 몇 년 전 체육관에서 석환과 함께 운동을 했던 후배였다. 너무 살이 찐 탓에 운동신경이라곤 전혀 없었지만 의리가 남달리 강하고 순종적인 성격이라 석환을 잘 따랐다. 아, 이런 곳에서 만나다니… 드라마 같은 운명의 힘을 느끼는 순간이었다.

"어라, 석환 형님이 여긴 웬일이요?"

사내의 눈빛에 반가움이 역력했다. 그는 일행들을 안으로 들여

보내고 석환과 함께 탁자에 마주보고 앉았다.

"나야 여기 볼 일 보러 왔지만 너는 왜 여기 있냐?"

"형, 나 운동 그만두고 오선이 형님 밑에서 일해요. 이거 오픈하면 관리는 내가 할 거예요."

석환은 오선이가 누군지 알 수 없었다. 하지만 조직폭력배 집단의 두목쯤 될 거라고 생각했다. 운동하던 친구들은 잘못 풀리면 폭력조직원으로 들어가는 경향이 있다. 대부분 먹고살기 힘들어서라는 것이 그들의 핑계였다.

"그래? 그런데 혹시 여기 건물주가 누군지 알아?"

"오선이 형님 건데, 명의는 오정운이 앞으로 되어 있어요."

착한 성격에 단순한 건 여전했다. 이 건물이 경매에 부쳐진 사실도 모르는 것 같았다. 아예 경매 자체를 전혀 알지 못하고 있는 듯했다. 그래서인지 석환이 원하는 대답이 무리 없이 술술 나왔다.

"오선이라는 분이 누구지?"

"영등포 이십세기파 보스 몰라요?"

"아, 그런가? 그럼 구본철은?"

"철이 형은 오선이 형님 오른팔이죠."

"구본철이?"

"네, 아주 뭐 엄청나게 똑똑해요. 참모예요. 에이급 참모."

"구본철은 전기업자 아니냐?"

"건달이 무슨 전기업잡니까?"

순하고 착한 김용일이 어쩌다 이런 폭력조직에 몸을 담게 되었는지, 석환은 몹시도 안타까웠다. 하지만 딱히 그에게 해줄 충고가 없었다. 목구멍이 포도청인지라, 용일도 어쩔 수 없었으리라.

두 사람은 지난 시절에 대해 이런저런 이야기를 나누다가 자리에서 일어났다.

"그래, 고맙다. 다음에 또 보자."

석환은 용일과 악수를 나눈 후 서둘러 클럽을 빠져나왔다. 그는 사무실로 돌아와 동진에게 자초지종을 설명했다.

"내가 상상했던 그림과 딱 맞아 떨어지는군."

석환의 설명을 듣고 난 동진은 빙긋이 미소를 지었다.

"어떤 그림이요?"

"차차 알게 돼. 그리고 자네는 내가 낙찰불허가 신청서를 작성해줄 테니 장 사장한테 인감증명서하고 위임장 받아서 내일 중으로 법원에 접수시켜."

"낙찰불허가 신청서요? 역시 안 되는 건가요?"

낙찰불허가 신청이란 계약해제를 의미한다. 낙찰물건에 하자가 있으니 보증금을 되돌려달라는 신청이다.

"저들을 안심시키기 위해서 그러는 건데, 자세한 건 차차 설명해줄게. 지금은 시키는 대로만 처리해주게."

"그러겠습니다."

재걸음의 권오선이 '선' 클럽 안으로 막 들어서고 그 뒤를 오정운과 구본철, 나상호가 따랐다. 선 클럽 입구 로비에는 지름이 3미터가 넘어 보이는 샹들리에가 무지개빛을 발산하고, 바닥에 깔린 이탈리아제 타일은 크리스탈로 코팅이 되어 쏟아져 내려오는 불빛을 반사시켜 그 찬연함이 호화의 극치를 보여주고 있었다.

서울 여의도에 위치한 선 클럽은 서울 강남, 대전, 광주에 이어 네 번째 꾸며진 술집이었다. 오선은 이곳에 각별한 애정을 갖고 있었다. 실내장식만큼이나 세련미가 돋보이는 앳된 아가씨들의 모습만 간간히 보일 뿐 방음장치가 잘 되어 있어선지 룸에서 나는 밴드 연주 소리가 아득하게 들릴 정도였다.

"다들 앉아."

권오선이 상석에 앉자 일행들은 도열하듯이 서 있다가 모두 착석했다.

"이번엔 또 어떤 놈이 붙었어? 우리가 이번에 잡았어야 하는 걸 놓친 거 아냐? 뺏기면 안 되니까 상황을 잘 살펴서 경매취하도 고려해!"

집무실로 들어선 권오선은 자리에 앉자마자 오정운을 다그쳤다. 권오선은 짧은 머리에 각진 턱을 가지고 있었다. 표정을 읽어낼 수 없는 얼음장 같은 인상이었다. 이번 회차에 응찰하라는 권오선의 명령이 있었으나 들어올 사람이 없으니 한 번 더 유찰을 시키고 들어가자고 건의를 한 것이 바로 오정운이었다

"놈이 아니고 년입니다만, 걱정 안 하셔도 됩니다."

앉은 자리에서 일어선 오정운은 허리를 90도로 숙였다. 분위기가 사뭇 엄숙했다.

"어째서?"

"벌써 낙찰불허가 신청서가 법원에 접수됐습니다. 유치권을 모르고 들어온 년 같습니다."

"낙찰불허가?"

"그렇습니다."

"낙찰불허가 신청을 했다?"

"낙찰불허가 신청이 받아들여지지 않아도 그쪽에선 절대 잔금을 내지 못할 겁니다. 19억을 떠안고는 못 들어옵니다. 보증금을 포기하고 말 게 틀림없습니다. 그러니 별도의 조치를 하지 않아도 될 겁니다."

"그건 그렇다 치고, 업자들 반응은 어때?"

권오선이 오정운과 구본철을 번갈아 바라보며 물었다.

"업자들은 내가 형님 식구인지 모르고 있습니다."

구본철은 전기업자로 위장을 하고 있었다.

"업자놈들 지금은 나한테 공사비 달라고 못합니다. 제놈들이 잘못해서 이 지경이 됐다고 생각하고 오히려 미안하다고 할 정도입니다."

오정운은 계획대로 일이 잘 풀리는 것으로 생각하고 있었다.

"클럽은 우리 애들이 지키고 있지?"

"그렇습니다. 용일이가 지키고 있습니다."

"업자들은 절대 들여서는 안 돼. 나중에 내쫓으려면 골치 아플 수 있으니까."

그때서야 권오선은 기분이 좀 풀렸다. 공사비를 주지 않고 은행 융자를 갚지 않는다면 적어도 35억원 이상 챙길 수 있다고 그는 판단했다.

"그렇게 하겠습니다."

"아, 그리고 낙찰자가 잔금 못 내서 다음에 재경매 일자 잡히면 그땐 우리가 들어가. 절대 놓치지 말고."

"예! 형님."

오정운이 우렁차게 대답했다.

"저, 장윤정이에요."

"아니, 어쩐 일이세요? 지금 주무실 시간 아닙니까?"

아침 일찍 소래산에 올라 운동을 마치고 내려오는 길에 석환은 윤정의 전화를 받았다.

"오늘 어르신 생신이라서 가서 뵙고 오려고요."

"어르신이요?"

"제가 전에 말씀드린 정동구 어르신 생신이 오늘이거든요."

정동구 노인은 슬하에 자식이 없었다. 부인은 평소 건강이 매우 좋지 않아 줄곧 병석에 누워 있다가 환갑을 갓 넘긴 나이에 세상을 떠났다. 지금은 가평에 집을 마련하여 홀로 생활을 하고 계셨다. 윤정은 노인의 생신이나 명절 때는 꼬박꼬박 그를 찾아뵈었다. 마치 부모를 봉양하듯 정성을 다했다.

"아, 기억나네요. 저도 한번 뵙고 싶은 생각이 간절했는데."

"그래서요. 이참에 같이 한번 가시면 어떨까 해서 전화드렸어요. 시간 괜찮으시면 함께 가시죠."

"전에 동진 형님도 꼭 한번 찾아뵙고 인사드린다고 했는데 전화 한번 해볼까요?"

"호, 그럼 더 좋죠. 제가 10시까지 법원으로 갈게요."

윤정은 일산에 살고 있었다. 여자라서 준비하고 도착하려면 빠듯할 터인데 10시로 시간을 잡는 것을 보니 일찍 일어난 것 같았다. 정 노인에 대한 정성이 지극한 모양이었다.

"와우, 초시계가 따로 없네."

세 사람은 모두 10시 정각에 부천법원 앞에서 서로 손을 흔들었다.

"장 사장님 차는 법원에 놔두고 제 차로 가죠."

"아닙니다. 제 차로 가셔야 돼요."

윤정은 굳이 자기 차를 타고 가야 한다고 고집했다. 흰색 승용차였다.

운전대는 석환이 잡았다. 차 안에서의 화재는 당연히 윤정이 낙찰받은 나이트클럽에 모아졌다. 이야기를 나누다 보니 차는 어느새 도농사거리를 지나 춘천 방면으로 가는 46번 국도로 접어들었다.

"그러니까 결국 그 사람들은 인테리어 비용과 은행융자를 잘라먹기 위해 경매를 신청했단 말씀이시죠? 그런데 사무장님께선 그런 사실을 어떻게 파악하셨어요?"

앞자리에 탄 윤정이 백미러를 통해 뒤를 살피며 물었다.

"예, 그렇게 추측이 됩니다. 처음 경매신청서와 유치권신고서를 보고 직감적으로 뭔가 음모가 있다고 생각했어요. 많은 업체가 있었고 그 업체들에게는 공사비를 한푼도 주지 않았는데 유독 구본철에게만 액면가 8억원짜리 약속어음을 발행해준 거나 전기공사금액이 언밸런스하게 타 업체에 비해 많았음에 주목했죠."

"아, 그래서 형님이 저보고 오정운과 구본철 사이의 관계를 파악해보라고 하신 거군요."

석환이 그때야 비로소 알았다는 듯 대화에 끼어들었다.

"이제 문제는 어떻게 가장 빠른 시간에 클럽을 점유하고 있는 사람들을 내보내냐 하는 겁니다."

"형님, 해내실 수 있죠?"

"쉽지 않겠지만 해보는 데까진 해봐야지."

"와! 그것만 성공한다면 장 사장님, 부자되시겠어요!"

석환은 자기 일처럼 좋아했다. 그런 석환을 보며 동진과 윤정은 말없이 미소를 지었다.

일행은 어느새 목적지인 유명산 부근에 도착했다. 《동국여지승람》을 보면 유명산은 정상에서 말을 길렀다고 해서 마유산이라고도 불렸다는 기록이 있다.

"석환씨, 이 산이 왜 유명산이 됐는지 혹시 아세요?"

"산이 유명해서 그런 거 아닐까요?"

"호호, 아닌데요."

"그럼 왜요?"

"'엠포르'라는 산악회가 국토 자오선 종주를 하던 중 당시 알려지지 않았던 이 산을 발견하고 산악회 대원 중 진유명이라는 여성의 이름을 따서 붙인 것이라고 해요. 저도 재미있어서 기억이 나요."

"하, 그렇군요."

석환이 웃으며 고개를 끄덕였다.

"어서들 와!"

50여 미터 앞에서 낯선 노인이 석환의 일행을 보고 소리를 지르며 손을 흔들었다. 윤정의 전화를 받고 정동구 노인이 기다리고 있었던 것이다.

"어르신!"

윤정이 노인을 향해 내달렸다.

"바쁜데 오지 말래도 꼭 오네. 앞으론 안 와봐도 돼."

말씀은 그래도 윤정의 출현이 무척이나 반가운 모습이었다.

"제가 뵙고 싶어 못 참겠는데 어떻게 안 와봐요."

"일행들이신가? 어서 안으로 모시지."

"처음 뵙겠습니다. 고명하신 분을 이렇게 뵙게 되서 영광입니다."

석환이 먼저 공손히 인사를 드렸다. 경매의 전설적 고수라고 했는데, 직접 만나 뵙고 나니 뜻밖에 평범한 촌로의 모습이었다.

"어르신 안녕하세요? 저 문동진입니다. 너무 오래 뵙지 못해서 기억나실지 모르시겠지만."

동진의 얼굴을 찬찬히 뜯어보던 노인이 반색을 했다.

"아이고! 이게 누구야, 문 사무장님 아니요? 세상 참 좁네. 어떻게 여기까지 오시었소?"

노인은 동진의 손을 덥석 잡아 끌었다. 대인관계에 있어서 최선은 너무 아름다운 결과를 가져온다. 노인은 동진이 성의를 가지고 자신의 일을 도운 것을 아름답게 추억하고 있었다.

"제가 모시고 왔어요."

윤정은 동진을 알게 된 사연을 간략히 설명했다.

"방으로 들어가 절 받으세요."

노인이 좌정을 하자 윤정이 그 앞에 섰다. '절은 무슨 절' 하면서도 노인은 자세를 바로 하였다.

윤정이 큰절을 올리고 난 후 모두들 집 구경을 한다고 밖으로 나왔다. 노인이 기거하는 토담집 뒤로는 유명산을 병풍처럼 두르고 앞마당은 소박한 채소밭이 자리를 하고 있었다. 그 너머 100여 미터 앞에는 개울이 흐르고 있었다. 전형적인 아름다운 시골풍경이 그곳에 있었다. 그러나 석환의 생각은 달랐다. 자연은 아름다웠지만 어쩐지 너무 초라한 느낌이 들었다. 집은 꾸민 흔적이라곤 전혀 찾아볼 수 없는 글자 그대로 토담집이었다. 정 노인은 승용차도 없는 듯했다.

'번 돈은 다 어쩌시고… 전설의 몰락인가?'

석환은 적이 실망스러움을 떨칠 수 없었다.

"출출할 터인데, 여기서 조금만 내려가면 토종닭 백숙을 아주 잘하는 곳이 있어. 닭죽 대신 누룽지탕이 나오는데 그럭저럭 먹을 만하다오."

"오늘 어르신 생신이시잖아요. 나가서 먹는 건 그렇고 집에서 해먹어요."

"암 것도 없어서 안 돼. 귀한 손님들이 오셨는데 대접할 게 변변치 않군."

정 노인이 미안한 기색으로 말했다. 하지만 윤정은 빙긋 웃기만할 뿐이었다.

"석환씨, 절 좀 도와줘요."

윤정이 차 트렁크를 열자 야외용 바비큐 그릴과 라면 박스가 두개, 그리고 아이스박스 하나가 들어 있었다. 박스들을 옮겨다 풀어놓으니 그 안에는 삼겹살, 소고기, 미역, 소갈비, 상추, 마늘, 김치, 대합, 홍어무침, 풋고추, 고추장, 소금, 종이컵, 은박접시, 식기, 수

저, 케이크, 버섯, 참기름, 번개탄 등등이 나왔고 아이스박스를 열어보니 얼음에 채워진 소주와 맥주, 일본 정종이 담겨 있었다. 모두들 입을 딱 벌렸다. 그리고 좀처럼 벌린 입을 다물지 못했다. 정 노인은 무척 감동한 표정이었다. 동진과 석환은 윤정이 자신의 차로 갈 것을 고집한 이유를 비로소 깨달았다.

"사무장님은 바비큐 그릴을 설치해 주세요. 상추는 석환씨가 좀 씻어다주시고요."

모두들 음식 준비하느라 분주했지만 표정에는 즐거움이 넘쳐흘렀다. 마당에 돗자리가 깔리고 제법 그럴듯한 생일상이 차려졌다.

"어르신의 일흔네번 째 생신을 위하여!"

모두의 잔에 술이 가득 부어지고 생신을 축하하는 건배가 이어졌다.

"매번 이렇게 윤정이에게 생일상을 받는구나. 피붙이도 아닌데 누구라서 이렇게 정성을 가지고 할 수 있단 말인가? 정말 너무나 고맙구나."

정 노인의 눈시울이 붉어진 건 비단 술기운 때문만은 아니었다.

"당연히 해드려야죠. 어르신 많이 약해지셨다, 호호."

젖은 눈매를 훔치는 정 노인을 바라보던 석환은 세월은 진정 피해갈 수 없음을 절감했다.

"어르신 모시고 약주를 올린 게 한 8년 전쯤 되는가 봅니다."

동진이 옛 추억을 더듬어 올라가보니, 동진과 정 노인이 마지막으로 술잔을 기울인 건 부천법원 뒤 영화의 거리에 있는 순댓국집에서였다. 정 노인은 삶은 돼지 머릿고기와 소주를 무척이나 즐겼었다.

"벌써 그렇게 세월이 흘렀나…"

"한창 일하실 땐 두주불사이셨잖아요. 저도 술은 좀 하는 편이었는데, 어르신 모시고 마시는 날엔 여지없이 제가 먼저 곯아떨어지곤 했죠. 소주를 막사발에 따라주시는데, 지금 와서 드리는 말씀이지만 정말 그땐 안 마실 수도 없고 혼났습니다, 하하."

"허허, 그랬나?"

정 노인도 생각난다는 듯 빙그레 웃었다.

"어르신, 실례가 안 된다면 경매 이야기 좀 해주세요. 제가 지금 경매에 대해 한창 배우고 있는 터라, 이렇게 고수를 뵈었으니 한 수 가르쳐주시면 정말 감사하겠습니다."

석환이 간곡한 청을 드렸다.

"늙은이가 뭘 알겠소."

"석환씨가 아직 초보자라서 궁금한 게 많을 거예요. 저에게 해주셨던 것처럼 한 말씀만 해주세요."

처음에는 완곡히 사양하다가 술이 몇 순배 돌아가고 윤정이 나서서 거드니 그때서야 정 노인은 입을 열었다.

"내가 처음 경매를 배울 땐 아예 경매장에 가서 살았소. 실전 감각을 익히기에는 아주 좋은 장소지."

정 노인은 임의로 경매물건을 선정해서 임장을 하고 나름대로 입찰가를 정해서 실제 입찰에 응하는 입찰자와 비교해보고 가격 차이가 많이 나면 그 이유를 분석해 원인을 찾아가면서 기초실력을 다져나갔다고 했다. 그리고 경매관련 모임에 자주 나가서 사람들과 친분 쌓기를 게을리 하지 않았는데, 이는 경매에 대한 다양한 기법을 배우고 지역의 정보를 얻기 위해서는 필수라는 것이 정 노인의 지론이었다.

"술 한 잔 올리겠습니다."

석환은 술병을 두 손으로 받쳐 들고 공손히 정 노인이 들고 있는 잔에 술을 따랐다.

"세상은 더불어 살면서 때로는 남이 가진 재능을 활용하는 것도 능력이라오. 사람이 아무리 달리기 연습을 한다 해도 달리는 말을 이길 수는 없는 법이지. 달리는 말을 이길 순 없지만 함께 갈 수 있는 방법이 있다오. 그건 바로 말 위에 올라타는 것이지."

아무리 공부를 한다고 해도 별안간 법률지식이 변호사만큼 해박해질 수는 없고, 세금 관련한 문제에서도 세무사보다 더 잘 해결할 수는 없다는 설명이었다. 그런 만큼 부족한 분야는 반드시 전문가의 도움을 받아야 한다고 정 노인은 강조했다.

"도움을 받으면서 배우는 것, 그것이 바로 경매공부의 첫걸음이라오. 성공한 사람들을 벤치마킹하라는 뜻이오."

석환은 정 노인의 말을 경청했다. 정 노인은 술잔을 들어 목을 축인 후 다시 말을 이어나갔다.

"경매를 처음 배우는 사람들이 이구동성으로 하는 말이 권리분석이 어려워 못해먹겠다는 거지. 권리분석! 그거 골치 아프게 할 거 없소. 모르면 전문가에게 자문을 구하면 돼. 경매에는 권리분석보다 더 중요한 게 많아. 그렇기 때문에 권리분석 공부에만 매달리는 어리석음을 범해선 안 된다오."

정 노인의 말씀에 따르면 권리분석은 경매에 있어 차지하는 비중이 20% 미만이라는 것이다.

"권리분석보다 더 중요한 게 무엇인지요?"

"많지. 이를테면 정부정책의 분석, 부동산 개발에 대한 사전정보 입수, 경제 흐름의 파악, 경매 동향의 감지 등등 이루 헤아릴 수 없을 만큼 많다오. 특히 정부정책을 정확히 파악하는 것이 경매에 얼마나 많은 영향을 미치는지 설명해 드릴까?"

"예, 기대가 됩니다."

"연예인이 인기를 먹고 사는 거라면 정권은 국민의 지지에 의해 유지가 되는 거요. 국민의 지지를 받으려면 우선 경제를 살려야 하오. 배고픈 국민은 정권을 지지하지 않는 법이지. 따라서 정권마다 경기부양책을 내놓게 마련인데, 과거 국민의 정부가 들고 나온 건 다세대주택이었어. 아파트를 살 돈이 없던 서민들에게 저가형 주택을 공급하면서 분양가의 80% 내지 90%까지 융자를 해주는 바람에 전세 살던 서민들이 보증금 뽑아가지고 다세대 구입에 나선 적이 있었소. 그 바람에 외형적으로는 흥청망청 경기는 좋아보였지. 거기다 신용카드를 남발하는데 우리 국민들 외상이면 소 잡는 것도 마다하지 않는 탓에 지나가는 거지도 몇 장씩 발급받았지. 아무튼 외상 속이지만 경기가 돌긴 잘 돌았다오. 그래서 참여정부가 탄생될 수 있었고. 이번에 한나라당에서는 서민 경기부양책으로 도시형 생활주택이라는 것을 내놓았지. 이름하여 원룸형 주택, 기숙사형 주택, 단지형 다세대주택이라고 하는데 같은 면적이라도 기존 다세대주택에 비해 원룸형이나 기숙사형 주택은 가구 수를 훨씬 많이 늘릴 수 있고 구분등기가 가능하기 때문에 진짜 돈이 얼마 없는 서민들, 특히 1인 가구주들의 내 집 마련이 쉬워졌지. 당연히 거래가 활발해질 것이고 이 때문에 부동산 경기는 반짝이든 아니든 어쨌든 활성화되겠지. 그리고 도시형주택은 의무 주차시설 면적이 완화된다는 특징을 갖고 있다오. 따라서 기존의 다세대주택보다는 같은 평수라도 저렴하게 공급할 수 있지."

"어르신, 그런데 도시형 주택이 경매에 미치는 영향에는 뭐가 있을까요?"

"기존에 근린상가나 상가가 경매에 나오면 관리비 부담 때문에 입찰가가 매우 많이 저감되었지만 이제는 근린상가 등을 낙찰받아 도시형 주택으로 용도 변경하면 많은 수익을 올릴 수 있기 때문에 인기품목으로 바뀔 것이고, 역세권이나 혹은 대학가 주변에 규모가 작아 다세대주택을 지을 수 없었던 자투리땅도 원룸형이나 기숙사형 주택을 지을 수 있기 때문에 인기 품목 반열에 올라서게 되겠지."

"정말 그렇군요. 어르신 말씀을 듣고 보니 돈 되는 물건은 권리분석을 잘한다고 해서 찾아지는 게 아니네요."

"그 외에 경매공부 방법이랄지 아니면 비법이랄지 하는 것이 있으면 좀 들려주시겠습니까?"

"경매공부는 이것저것 하는 것보다는 한 가지에 능통할 수 있도록 하는 것이 아주 중요하다오. 토지면 토지, 공장이면 공장, 아파트면 아파트, 상가면 상가에 대해 충분히 연구해서 깊이 있는 지식을 경매에 응용하면 충분히 성공할 수 있지. 이것저것 하면 깊이가 없어진다오. 깊이가 없으면 남과의 경쟁에서 이길 수가 없지. 농지만 하더라도 농지법을 통달해야 하오. 농지법을 아는 것은 권리분석을 하는 것과 또 다르다오. 그리고 앞날을 내다보는 안목을 키워야 하지. 다들 아시겠지만 곡식의 소비량이 옛날과 같지 않잖소? 옛날에는 쌀 소비량이 엄청났었는데 지금은 그 절반도 소비를 못하고 있고 수입산에 비해 가격 경쟁력도 떨어져 농지의 필요성이 점점 감소되고 있지. 따라서 농지로만 계속 묶어놓을 순 없을 거라오. 그리고 서울과 수도권은 점점 포화상태가 되어가고 있고. 추석이나 설과 같이 무슨 때만 되면 교통체증이 유발되는 것이 이를 입증하는 셈이지. 여기서 인구 분산책의 필요성이 대두될 것이고 인구분산의 해결책으로 공장의 지방 이전이 거론되겠지. 어때요, 그렇게 되면 농지와 임야의 수요가 많아질 수밖에 없겠지?"

현재는 파워게임에서 지방이 밀려 공장이 수도권으로 역류하는 현상이 벌어지지만 이는 일시적인 현상이라고 할 수 있다는 설명이었다.

"안목은 어떻게 키우는 것이 효과적입니까?"

"안목? 안목은 과거와 현재 그리고 미래를 일직선상에 놓고 그 변화를 알아맞히는 게임과도 같은 건데, 게임에서 이기려면 데이터가 필요하다오. 어떤 사건이 발생하면 그와 유사한 사건의 데이터를 놓고 분석을 할 수 있어야 하지. 도시 재개발이나 재건축 사업도 이미 미국에서 실시했던 것들이라오. 그때 이미 입주권이 주어졌었고 이를 공부한 부동산전문가는 재개발지역에 투자하면 입주권으로 인해 돈을 벌 수 있다는 생각을 한 거지. 이렇듯 과거를 알면 미래가 보인다고 할 수 있소. 난 항상 자료를 스크랩하고 노트를 했다오. 일종의 경매일기를 작성한 셈이지."

지난 세월 경매를 하면서 실제 부딪혔던 사실, 그리고 부딪히면서 깨달은 경매에 관한 노하우가 경험으로 농축되어 전해 듣는 이야기만으로도 석환은 경매에 눈이 트이는 느낌이 강하게 들었다.

"너무나, 정말 너무나 감사합니다."

정 노인의 경매에 대한 내공은 그 깊이를 측정할 수 없었다. 석환은 정 노인의 도움을 받는다면 달리는 말에 올라타는 것과 무엇이 다르랴 하는 생각이 들었다. 석환은 정 노인의 촌로 같은 모습에 실망을 감추지 못했던 자신이 너무나 부끄러웠다.

"이왕 말이 나왔으니 한 마디만 더 하지. 지식과 지혜는 다른 것이라오. 지혜의 중요성은 아무리 강조해도 지나치지 않소. 남과 같이 사물을 보면 발전이 없지. 한번쯤 뒤집어놓고 볼 줄도 알아야 하오. 그리고 내가 당부 하나 함세. 돈을 좇으면 돈은 도망간다오. 돈이 따라오도록 해야 하오. 그러려면 어질게 살아야 하지."

"어르신, 피와 살과 같은 말씀 잘 들었습니다. 오늘 밥값은 하겠습니다."

석환은 자리에서 일어나 장작들이 쌓인 곳으로 성큼성큼 다가갔다. 굵은 나무를 전기톱으로 잘라놓은 터라 그 지름이 한 자는 족히 돼보였다. 정 노인은 연탄이나 보일러 대신 장작불로 방을 덥히거나 요리를 했다. 석환은 도끼를 집어 들고 노인이 사용하던 장갑을 낀 채 장작을 패기 시작했다. 얼마나 시간이 흘렀을까, 장작 패기를 끝낸 석환의 이마에 송글송글 땀방울이 맺혔다.

"이런, 수고가 정말 많았소."

정 노인이 석환에게 수건을 건네며 다정한 눈빛으로 바라보았다.

"아닙니다. 앞으로 어르신에게 많이 배우려면 매일이라도 와서 장작을 패드려야죠."

"젊은 사람이 붙임성이 좋으시군. 그런데 난 이제 경매 안 한다오. 그 대신 내 동생을 소개시켜 주지. 곧 올 거라오."

"네에? 동생분이 계셨어요? 저도 처음 듣는 말씀인데요?"

윤정은 화들짝 놀란 눈으로 정 노인을 쳐다보았다. 정 노인이 빙그레 웃었다.

"성이 같아서 의형제를 맺은 아우가 있어. 정성만이라고, 성격이 호탕하고 유머 감각이 뛰어난 친구지. 자네와도 좋은 파트너십을 쌓을 수 있을 것 같은데, 한번 만나보지. 대단한 친구라네."

"아, 정성만씨라면… 몇 달 전에 저희 사무실에 오셔서 어르신 존함을 말씀하시면서 절 찾으시기에 인사를 한 번 드린 것 같습니다."

동진이 눈을 빛내며 말했다.

"허, 그랬군. 경매라는 관심사에 집중하다보면 좋은 사람들은 늘 좋은 사람들과 만나게 되어 있지. 그나저나 거의 다 왔다고 하던데 저기 오는 검정색 차인가?"

정 노인의 말에 모두들 고개를 돌렸다. 과연 검정색 승용차 한 대가 정 노인의 집을 향해 달려오고 있었다. 이윽고 승용차는 정 노인 집 앞에 멈춰섰다.

"성님, 아우 왔소. 건강하시죠? 오늘은 손님들이 와 계시네. 아이고, 이게 누구신가? 문 사무장님이 여긴 웬일로?"

정성만이 동진의 손을 덥석 잡았다.

"돌고 도는 게 인연이라지만 정 사장님을 여기서 뵙다니, 너무 반갑습니다."

"그러게 말이요. 여기 젊은 친구들은 일행이신가?"

"처음 뵙겠습니다."

석환과 윤정은 동시에 인사를 했다.

"그래요, 자, 앉아요, 앉아. 성님도 앉으세요."

흰머리가 희끗희끗한 장발에 옷차림 또한 약간 꾀죄죄한 느낌까지 주는 행색이었다. 하지만 그 눈빛만은 형형하여 감히 범접할 수 없는 카리스마가 물씬 풍겼다.

"제가 술 한 잔 올리겠습니다."

정성만이 자리에 앉자 석환이 술을 권했다.

"따라보게."

석환은 술병을 왼손으로 들고 오른손으로 가지런히 병 밑을 받쳐 탁자에 놓인 잔에 술을 따랐다. 그러자 정성만은 술 따르는 것을 중지시키고는 술잔에 반쯤 찬 술을 바닥에 쏟아 버렸다. 석환은 몹시 당황한 얼굴로 정성만을 쳐다보았다.

"허어! 이 사람이 지금껏 허송세월을 보냈구먼. 그 나이에 아직도 술 한 잔 제대로 따를 줄 모르는가?"

"예?"

석환은 바짝 긴장이 되었다. 뭔가 실수를 해도 크게 했다는 낭패감이 들었다.

"주도라는 게 그게 아니지. 술을 오른손으로 따른다는 것은 자신을 적나라하게 드러내는 것으로 상대방으로 하여금 믿음을 갖도록 하게 하는 것이고, 술 따르는 모습은 하늘의 양기를 내리 붓는 격으로 상대는 잔을 들어 술을 받음으로써 땅의 음기를 받들어 상호 조화를 이룬다는 의미야. 어찌 신의 없이 대작을 할 수 있겠는가. 오른손으로 공손히 다시 따르게나."

정성만은 술잔을 들어 다시 앞으로 내밀었다. 그는 석환이 초면임에도 거리낌없이 하대를 했다.

"죄송합니다. 잘 알겠습니다."

석환은 자세를 고쳐 잡은 후 다시 술잔에 술을 따랐다.

"성격은 여전하구만. 젊은 사람이 놀랐겠어."

"아닙니다. 좋은 가르침 받았습니다."

"내 받았으니 자네도 한잔 줌세."

단숨에 술잔을 비운 정성만이 잔을 석환에게 내밀었다. 깎지 않은 손톱이 많이 자라 있었다.

"감사합니다."

석환은 오른손에 술잔을 들고 왼손으로 오른팔을 받쳐 공손히 정성만의 잔을 받았다. 술이 몇 순배 돌아가자 분위기는 더욱 화기애애하게 달아올랐다. 정성만이 먼저 노래를 하고 돌아가며 노래를 한 다음 기어코 사양하는 정 노인의 노래를 마지막으로 생일잔치는 끝이 났다.

"이렇게 와줘서 고마우이. 잘들 살펴가시게."

정씨 형제의 배웅을 받으며 석환의 일행은 부천으로 차를 달렸다. 석환은 정성만이 건네준 명함을 지갑에 잘 챙겨 넣었다.

"장 사장님, 어르신께서 예전에 돈을 많이 버셨다고 들었는데 지금은 토담집에 사시네요."

"호호, 석환씨는 어르신이 몰락하신 게 아닌가 하는 의구심을 갖고 계시는 거죠?"

"네? 아, 꼭 그런 건 아니고…"

속내를 들킨 석환이 멋쩍은 표정을 지었다.

"어르신께선 갖고 계셨던 재산을 대부분 사회에 환원하셨어요. 장학재단을 만든다거나 하신 건 아니고, 어려운 곳 여기저기에 아무런 조건 없이 나누어주셨어요."

"아, 그러시군요…"

석환은 쥐구멍이라도 찾아들고픈 심정이었다. 돈을 잘 벌기도 어렵지만, 돈을 잘 쓰기도 어려운 법이라는 인생의 깊은 진리를 석환은 깨달았다.

"장 사장님, 예전에 뵈었던 강병곤 사장님을 다시 만나볼 수 있을까요?"

생각에 잠겨 있던 동진이 운전을 하고 있는 윤정에게 물었다.

"만나실 수야 있지만 왜 그러시는지요?"

윤정이 룸미러를 통해 동진의 얼굴을 쳐다보았다.

"가능하다면 유치권 신고를 공동 대표로한 강병곤씨, 석병덕씨, 그리고 정운찬씨. 이 세 사람을 모두 만났으면 합니다."

"석병덕씨와 정운찬씨는 저도 잘 모르는 분들이라서 그렇고, 강 사장님은 부르면 오실 거예요."

"모레, 제가 장 사장님 가게로 갈 테니 좀 만나게 해주세요."

"네, 알겠습니다."

"오늘부터가 잔금기일이지?"

권오선이 소파에 몸을 파묻고는 오정운을 향해 물었다.

"잔금기일이지만 틀림없이 잔금을 안 낼 겁니다."

통상 입찰일로부터 2주가 지나면 그때부터 약 한 달간 잔금 납부기일이 잡힌다. 납부기일 내에는 아무 때나 잔금을 납부할 수 있다. 예전에는 납부기일이 정해져 있어 반드시 그 날짜에만 잔금을 납부할 수 있었다.

"구본철로부터 전화가 왔습니다."

오정운과 경매 건에 대해 대화를 나누던 권오선이 나상호로부터 수화기를 받아들었다.

"뭐야! 잔금을 납부했어?"

권오선의 가는 눈매에 살기가 어렸다. 권오선은 먹이 전쟁에서는 양보를 모르는 시라소니다. 선악을 떠나서 영역을 침범하는 자는 무참히 제거했다. 당연히 잔금을 납부하지 않을 것이라는 예상은 보기 좋게 빗나가고 말았다. 낙찰자는 잔금납부기일 첫날에 대금을 납부한 것이다.

"잔금을 납부한 게 확실해?"

오정운은 낙찰자가 잔금을 납부했다는 사실에 불에 덴 것처럼 놀랐다. 권오선이 거칠게 수화기를 내려놓았다.

"정운이 자네, 나에게 뭐라고 말했어? 분명히 잔금을 납부하지 않을 거라고 자신했지? 잔금을 납부한 이상 경매취하도 이미 물 건너 간 거잖아!"

"그, 그년이 미쳤나봅니다."

"빡!"

오정운이 채 말을 끝내기도 전에 권오선의 7번 아이언이 바람을 가르며 그의 왼쪽 어깨를 파고들었다. 뼈가 부서지는 통증이 찾아왔다. 정운은 절로 무릎이 굽혀지며 눈물이 흘렀다.

"잘, 잘못했습니다, 형님! 으흑."

"무슨 수를 써서라도 포기시켜!"

법원경매에 있어 잔금을 납부한 이상 낙찰자는 소유권 등기에 관계없이 잔금을 납부하는 순간 소유권을 갖는다.

"알겠습니다."

"이제 낙찰물건을 되찾는 방법은 낙찰자인 소유권자에게 매입을 하는 길밖에는 달리 방법이 없게 됐잖아. 클럽 지키고 있는 애들한테 연락해서 단단히 지키고 있다가 시설비 19억이라도 받으라고 해. 죽 써서 개주지 말고!"

권오선은 분을 못 이긴 채 고래고래 소리를 질러댔다. 서슬 퍼런 권오선 발치에 엎드려 오정운은 오들오들 떨고 있었다.

"형님, 저 왔습니다."

법원에 갔던 구본철이 권오선의 12층 사무실로 올라왔다.

"들어와."

권오선은 정리하던 골프백을 한켠에 밀쳐 두고 상석에 앉은 다음 구본철에게 앉을 것을 권했다.

"감사합니다. 그런데 형님, 이번 거은 포기하고 다른 장소를 물색하는 건 어떻습니까?"

"그건 안 돼! 부천에 그만한 장소를 찾는 건 불가능해. 차라리 그곳이 아니면 장사를 그만두는 게 낫다. 반드시 그 장소여야 해!"

"죄송합니다, 형님. 제가 거기까지는 미처 생각을 하지 못했습니다."

다른 말이 필요치 않을 것 같아 구본철은 깍듯이 인사를 하고 사무실을 물러 나왔다.

"상호야! 애들 풀어서 뭐하는 여자인지 먼저 알아보고, 한번 달 수 있으면 달아봐. 아니, 낙찰받은 여자는 아무것도 모를 거야. 그 여자 꼬드겨서 입찰을 권유한 놈들이 있을 거야. 그놈들을 찾아봐."

구본철이 말한 '달아보라'는 이야기는 붙잡아서 혼쭐을 내라는 의미였다.

"네!"

권오선측이 불이 난 형국이라면 불을 지른 동진과 석환도 분주해지기는 마찬가지였다.

낙찰대금을 납부한 후 동진은 곧 '점유이전금지가처분' 신청을 준비했다. 점유이전금지가처분이란 건물에 대한 점유를 타인에게 이전하지 못하도록 하는 조치다.

이것을 하는 이유는 낙찰자의 입장에서 건물의 인수를 수월하게 하기 위해서다. 예컨대 홍길동이 건물을 무단으로 점유하고 있어 홍길동을 상대로 법원으로부터 인도명령문('홍길동은 소유자 OOO에게 건물을 인도하라.')을 받아 집행을 할 경우 인도명령문의 점유자와 실제 점유자가 같아야 한다.

따라서 홍길동이 점유를 김갑동에게 이전했다면 김갑동을 상대로 인도명령문을 새로이 받아야 하는 번거로움이 있다. 이를 방지하기 위해 점유이전금지가처분 신청을 하는 것이다.

며칠 후 법원으로부터 윤정이 신청한 점유이전금지가처분 신청에 대한 결정이 나서 집행관이 결정 고지를 하기 위해 나이트클럽으로 들어섰다.

"집행관실에서 나왔습니다. 강병곤, 석병덕, 정운찬씨 계십니까?"

클럽은 김용일이 지키고 있었다. 내용을 모르는 김용일은 답답했다. 뭐라고 말을 해야 할지 몰라 허둥대다가 구본철에게 전화를 했다.

"지금 집행관이 와서 강병곤, 석병덕, 정운찬이 있냐고 물어보는데…"

"모두 있다고 해."

유치권을 행사하려면 반드시 건물을 점유하고 있어야 한다. 그렇지 않으면 유치권을 행사할 수 없다. 이 사실을 잘 알고 있는 구본철은 당연히 유치권을 신고한 당사자들이 있다고 하라고 할 수밖에 없었다. 그리하여 가처분 신청이 고지되었다.

그러나 이것은 시작에 불과했다.

그들이 세운 사악한 계획을 산산이 부수는 사건이 그로부터 3주 후에 일어났다.

"뭐라고? 인도명령신청이 받아들여져 인도명령 결정이 났다고!"

권오선은 거의 제정신이 아니었다.

"뭔가 일이 잘못된 것 같습니다."

불처럼 화를 내는 권오선 앞에서 구본철은 차마 고개를 들 수 없었다.

"유치권 신고가 돼 있으면 반드시 인도명령 결정이 나기 전에 심문기일을 잡아준다고 했잖아! 분명 서 변호사도 그렇게 말했잖아. 근데 이게 무슨 날벼락이야!"

인도명령 신청을 할 때 유치권 신고가 된 물건은 유치권자와 낙찰자를 불러 심문을 한다. 유치권자가 유치권에 대한 입증을 하면 인도명령은 각하된다. 인도명령이 각하되면 명도소송으로 정식재판을 받아 결과를 기다려야 한다. 인도명령에 의한 건물 인수는 낙찰 후 몇 주 정도 소요되지만 명도소송은 최고 20개월, 혹은 그 이상의 시간이 소요되기도 한다.

"한번 알아보겠습니다."

구본철은 평소 거래하던 서성인 변호사 사무실로 갔다.

"유치권 포기서가 접수됐답니다."

그야말로 마른하늘에 날벼락이 따로 없었다. 유치권을 무기삼아 버티려 했던 계획이 송두리째 물거품으로 돌아가는 순간이었다.

"어떻게 유치권 포기서가 접수가 된 거야? 도대체 누가 그런 짓을 했냐고!"

권오선은 창에 찔린 맹수처럼 길길이 날뛰었다. 그러나 이미 때는 늦어버렸다. 다시 며칠 후 인도까지 집행이 되었으나 권오선은 아무런 대응도 할 수가 없었다. 아무리 세력을 과시하는 조직폭력배 보스라 할지라도 집행관을 상대로 무리수를 둘 수는 없었다.

집행관이 집행을 위해 나서면 용역업자들도 같이 가게 된다. 집행을 하게 되면 비용을 납부해야 한다. 집행관을 통하지 않고 점유자가 인도를 해주면 인도집행 비용으로 납부한 금액에서 30%만 공제한 후 나머지는 반환을 받는 것이고, 재차 집행을 할 때는 30%를 추가납부하면 되는 것이다. 인도집행 비용은 용역업자가 견적을 내서 낙찰자에게 통보해주는데, 통상 평당 3만원에서 7만원 사이에서 결정된다고 보면 된다.

같은 시각, 동진과 석환과 유치권 대표자들은 윤정의 가게에 모여 있었다. 아직 문을 열기엔 이른 시간이었지만 대책회의를 갖기 위해 모인 것이다.

"문 사무장님 아니면 우리도 깜빡 속을 뻔했습니다. 구본철의 각본에 놀아날 뻔했지 뭡니까?"

"다행히 여러분이 빨리 사건의 전모를 이해해주시고 협조하셨으니 망정이지, 정말 큰 피해를 볼 뻔했습니다."

동진은 구본철이 폭력조직의 같은 일원이고 흉계를 써서 시설비를 통째로 떼어먹으려 했던 것과 유치권을 이용하여 가격을 떨어뜨려 다시 경매로 소유권을 잡으려 했던 음모를 알려줌으로써 유치권 포기서를 받아내는 데 성공한 것이었다.

"이제 우린 앞으로 어떻게 해야죠?"

강병곤이 걱정스러운 얼굴로 물었다.

"모르긴 해도 저쪽에서 분명 협상하려 들 겁니다."

동진은 확신했다. 최소한 40억원짜리 물건을 쉽게 포기하지는 않을 거라는 것을. 그리고 동시에 협박이나 테러도 있을 수 있다고 판단했다.

"협상이요?"

"예, 시간을 두고 기다려보죠. 그리고 석환이 자넨 당분간 장 사장의 신변보호를 해주게."

"네, 알겠습니다."

동진의 예측은 그대로 적중했다.

새벽 2시경 영업을 마친 윤정을 태운 석환은 서울외곽 순환도로 부천 중동IC 다리 밑을 따라 일산방향으로 천천히 차를 몰다 정지 신호를 받아 멈춰섰다. 늦은 시간인 탓에 통행하는 차량이 별로 없었다.

"쿵…"

신호를 받고 서 있는데, 뒤에서 검정색 승용차가 추돌을 했다.

석환은 윤정을 안심시키고 차에서 내렸다. 짧은 머리에 100킬로 그램이 넘을 것 같은 사내 둘과 약간 초췌해 보이는 사내 하나가 문을 열고 내렸다. 석환은 이들이 이번 경매 건과 관련된 건달들임을 직감했다.

"부디 몸조심하게."

석환은 동진의 말이 떠올랐다.

사내 셋이 석환을 가운데 두고 삼각 진을 형성했다. 일전이 불가 피했다.

'뒤에 두 사내를 공격한다면 뒤차기로 공격하는 것이 가장 수월 한데, 그러기에는 두 사내가 한 보 반 정도 뒤에 처져 있다. 만약 내가 무리하게 뒤차기를 시도하려 한다면 오른발을 뒤로 내딛고 다시 왼발을 끌어와 축으로 삼은 다음 오른발로 차야 하는데, 그러려면 그만큼 시간이 소요될 뿐 아니라 자세가 흐트러질 수 있다. 나머지 사내들이 공격을 해온다면 속수무책으로 당할 수도 있다. 이들은

훈련된 전문 파이터다!'

여기까지 생각한 석환은 상대의 공격을 기다렸다가 받아치는 것이 낫다는 판단에 우선 그들의 의도를 묻기로 했다.

"실수로 남의 차를 받았으면 그에 대한 적절한 조치를 해주셔야지, 이게 뭐하는 겁니까? 점잖은 분들이 왜 이러십니까?"

"이번 낙찰받은 경매물건은 당신들에게 전혀 어울리지 않아! 단념해."

나상호는 단도직입적으로 석환을 윽박질렀다. 석환이 단순히 수익을 염두에 둔 일반인이라면 자신들과 같은 거구의 사내들의 위협에 바지에 오줌까지 싸며 파랗게 질려 순순히 단념을 할 것이고, 구본철의 추측대로 폭력조직의 일원이라면 반발할 것이라 나상호는 생각했다.

'지금 저자의 행동거지로 봐서 일반인은 아니다. 그렇다면 어느 정도 놈인지 일단 건드려 보자.'

나상호는 석환의 왼쪽 편에 서 있는 사내에게 눈짓을 했다. 석환이 오른손잡이라는 것을 파악한 나상호는 석환의 왼쪽이 상대적으로 취약할 것이라는 생각에 왼쪽에 있는 사내에게 공격하도록 지시한 것이다.

왼쪽의 사내는 빠르게 치고 들어왔다.

'하나, 둘!'

석환은 순간적으로 계산을 끝내고, 상대 사내가 두 걸음을 내딛을 때에 맞춰 오른발을 축으로 왼발을 뒤로 빼 돌면서, 튕기듯 앞으로 돌진하여 정확하게 사내의 명치를 오른손 정권으로 가격했다. 작용과 반작용의 원리를 이용한 크로스 카운터 펀치가 적중한 것이다. 사내의 체중에 석환의 스피디한 주먹이 이루어낸 힘의 결과는 상대의 부교감 신경의 마비와 느낌의 한계를 벗어난 고통을 안겨주었다. 사내는 그대로 실신했다. 순간 또 다른 사내가 그대로 돌진할 자세를 취하자 나상호는 손을 들어 제지했다.

"어느 분인가?"

"…?"

석환은 영문을 몰라 대답을 망설였다. 나상호는 석환이 어느 조직원이고, 모시는 큰형님이 누구인가를 물은 것이다.

"인천?"

석환이 대답이 없자 나상호는 혼자 중얼거리듯 다시 물었다.

"우리의 상대는 폭력조직이라네."

석환의 머릿속으로 동진의 말이 주마등처럼 스쳐지나갔다. 감이 잡혔다.

석환은 나상호를 향해 고개를 끄덕였다. 석환의 끄덕임이 그를 인천 건달조직의 일원으로 여기게끔 만들었다.

나상호는 자세를 잡으며 호흡을 가다듬었다. 공격을 해 들어오겠다는 전조였다.

석환은 모든 근육을 이완시키고, 날숨과 들숨을 최대한 가라앉

힌 채 무심히 나상호의 눈을 주시했다.

"차하!"

나상호의 기합 소리와 동시에 석환은 나상호 몸의 무게중심이 오른발에 실리는 것을 보았다. 그렇다면 공격라인이 왼손 혹은 왼발 둘 중의 하나! 나상호의 고개가 약간 숙여지는 것으로 보아 발차기다. 이 모든 판단은 본능에 따른 것이었다. 나상호는 석환의 목을 겨냥해 왼발 하이킥을 빠르게 날렸다.

'발길질이 빠르긴 해도 페이팅 모션두 없이 첫 동작에 하이킥을 날리다니, 상대를 너무 가볍게 본 무모한 짓이다.'

석환은 최대한 몸을 숙여 상대의 오른발 뒤축을 냅다 차버렸다.

나상호의 몸뚱이는 반 바퀴 공중제비를 돈 다음 땅바닥에 내동댕이쳐졌다. 나상호는 서두르지 않고 천천히 몸을 일으켰다. 옷매무새를 고치고, 손으로 먼지를 털어냈다.

"제법이군. 내가 방심했어. 나중에 만나면 오늘 신세는 톡톡히 갚도록 하지."

나상호 일행은 차를 후진시켜 빠른 속도로 빠져나갔다. 오늘 일은 나상호가 석환이 인천조직의 일원인지의 여부를 알아보기 위해 짐짓 도발을 해본 것이었다.

차가 빠져나가는 것을 본 윤정은 그때서야 밖으로 나올 수 있었다.

"괜찮으세요?"

윤정은 차에서 내려 석환의 곁으로 다가갔다. 그녀의 몸이 사시나무 떨 듯했다. 석환은 미소를 지으며 윤정의 어깨를 가만히 토닥였다.

"괜찮습니다, 걱정 마세요."

이튿날 아침, 석환은 곧장 사무실로 향했다.

"형님, 나 제명에 못 죽겠는데요?"

"표정이 장난이 아닌데, 무슨 일 있었나?"

"깡패도 깡패 나름이지, 이건 뜨내기 깡패가 아니던데요."

"깡패에도 뜨내기가 있고, 붙박이가 있나?"

"앞으로 어떻게 돼가는 거예요? 참 그놈들이 저를 보고 인천조직이 아니냐고 물어보더라고요. 그래서 그렇다고 했죠."

"그래? 그렇다면 의외로 일이 쉽게 끝날 수 있겠는걸."

"왜죠?"

"인천이냐고 물었다면 자네가 국내 3대 패밀리 중 하나인 꼴망파의 조직원이라고 생각했을 것 같은데, 설마 작은 나이트클럽 하나를 놓고 권오선이 인천조직과 전면전까지 생각지는 않을 것이 분명해! 그렇다면 협상이 들어올 가능성이 농후하지. 하여간 계속해서 조심하게나."

동진의 예측은 정확하게 맞아 떨어졌다.

권오선측에서 10억원을 줄 테니 클럽을 넘겨달라는 협상안을 제시했다. 하지만 이를 거절하자 다시 15억원으로 재협상이 들어왔다. 윤정은 이를 수락했다. 시설업자들은 윤정에게서 공사대금을 받을 수 있었고, 동진과 석환 또한 후한 사례를 받았다.

투자자가 꼭 알아야 할
경매용어

● **유치권**

유치권이란 타인의 물건을 점유하고 있는 자가 그 물건에 관해 생긴 채권이 변제기에 있는 경우, 변제를 받을 때까지 그 물건을 유치하여 채무변제를 간접적으로 강제하는 법정담보물권이다.

임차인이 임차물에 관해 필요한 비용(물건을 보존, 관리하기 위하여 필요한 비용, 수리비 등)을 지출한 때에는 그 상환을 받을 때까지 임차물을 유치할 수 있다. 또는 건축업자가 건물을 짓고 나서 공사대금을 받지 못한 경우에 공사대금을 지급 받을 때까지 그 건물을 점유하여 건물의 인도를 거절할 수 있는데, 이를 유치권이라고 한다.

유치권은 법률상 당연히 발생하므로 등기를 필요로 하지 않는다. 그래서 해당 부동산에 유치권이 있는지 여부를 등기부를 통해서는 알 수 없다. 유치권은 반드시 '현장조사'를 통해서 확인해야 한다. 그리고 유치권은 물권에 해당하므로 유치권자는 모든 사람에 대하여 그 권리를 주장할 수 있다는 점에도 유의해야 한다.

임차인이 임차주택에 대하여 유치권을 행사하는 경우 임차인은 임대인에게만 유치권을 행사할 수 있는 것이 아니고 임차주택을 매입한 매수자에게도 유치권을 행사할 수 있다. 만약 해당 임차주택이 경매 처분된 경우에는 해당 주택의 낙찰자에게도 유치권을 행사할 수 있다.

유치권자는 목적물의 소유권이 누구에게 속하든 채권의 변제가 있을 때까지 유치할 수 있다. 유치권의 목적물의 소유권이 이전되더라도 유치권은 영향을 받지 않는다.

예를 들어 A가 B 소유의 주택을 구입하려고 하는데 그 주택의 임차인 C가 필요비 지출을 이유로 유치권을 행사하고 있었다고 하자. 이 경우 A가 그 주택을 매입하여 소유권을 넘겨받더라도 C는 여전히 유치권을 행사할 수 있다.

따라서 유치권이 존재하는 부동산은 가급적 매입을 피해야 하며, 부동산 매입시 해당 부동산에 유치권이 있는지 잘 살펴야 한다. 경매 부동산의 입찰에 참여할 때도 마찬가지다. 특히 신축건물이 경매에 나온 경우에는 당연히 유치권을 주장하는 자가 있을 것이라고 생각하고 주의를 기울여야 한다.

- **점유자**

  정당하게 사용, 수익, 처분할 수 있는 소유권과는 별개로 '사실상 지배할 수 있는 권리'를 점유권이라고 하며 이러한 권리를 행사하고 있는 사람이 점유자다.

- **명도소송**

  명도소송은 법원 민사신청과에 접수하면 되는데 이때 필요한 서류는 민사소송소장, 낙찰허가결정정본, 부동산등기부등본, 건물도면, 권리신고 및 부동산 현황조사서, 피고의 주민등록등본, 낙찰대금납부서 등이다.

  소송이 제기되면 사건번호와 담당판사가 배정되고 보통 2~3회 변론기일을 거친 후 원고나 피고가 제출한 증거, 진술 등을 종합하여 선고를 하게 된다. 이때 판결문에 집행문을 부여받아 집행관에게 강제집행을 위임하면 된다. 만일 소송결과에 불복하는 경우에는 판결정본이 송달된 날로부터 2주 내에 항소, 상고를 하면 된다.

  그리고 명도소송을 할 때는 미리 법원으로부터 점유자가 현 점유를 바꾸지 못하게 하는 점유이전금지가처분 결정을 받는 것이 좋다. 현 점유자가 주택을 인도하지 않을 때 낙찰자는 현 점유자를 대상으로 명도소송을 하게 되는데, 재판 중에 현 점유자가 다른 사람에게 점유를 이전해 버리면 낙찰자가 명도소송에서 승소해도 아무런 효력이 없다. 점유자가 다른 사람으로 변경됐기 때문이다. 이런 경우에는 강제집행이 불가능하고 다시 새로운 점유자를 상대로 소송을 제기해야 한다. 따라서 명도소송을 할 때는 현 점유자가 다른 사람에게 점유를 이전하지 못하도록 미리 점유이전금지가처분신청을 해야 한다.

- **인도명령 절차**

  법원은 인도명령이 결정되면 신청인과 피신청인에게 인도명령결정문을 송달하고, 신청인은 송달받은 인도명령결정문과 인도명령대상자에게 결정문이 송달되었다는 송달증명원을 첨부하여 집행관사무소에 강제집행을 신청한다. 임차인은 대부분 인도명령을 송달받게 되면 심리적으로 위축되므로, 이때 이사비용문제를 다시 협상하여 협의하는 것이 좋다.

조선안의
실전경매 이야기

5장

전문가의 조언을 경청하라

　　　　　　　　　　카페 안에는 은은한 음악이 흐르고 있었다. 재즈 음악을 듣고 있노라면 먼 이방인의 선율임에도 동진은 늘 어떤 친근함과 편안함을 느끼곤 했다. 물론 지금 자신의 앞에 앉아 있는 최보성과 나눌 땅에 대한 이야기는 이 같은 분위기와 전혀 어울리지 않지만 말이다.

　"사무장님, 나도 땅에 대해서 좀 안다면 안다고 할 수 있는데 말이요, 사무장님 앞에만 서면 기가 죽습니다. 하하."

　때로는 가볍게, 때로는 진지하게 대화의 리듬을 탈 줄 아는 최보성의 말솜씨는 상대를 사로잡는 묘한 매력을 지니고 있었다.

　"원 별말씀을요."

"그래서 말인데, 이번에 보령 토지 건 입찰가는 어떻게 정했으면 좋겠소?"

최보성은 맥주가 가득 채워진 잔을 손에 쥐고 좀체 놓지 않았다. 아마도 맥주잔의 차디찬 느낌을 즐기는 듯했다.

"흠, 제 생각 같아선 최초 입찰가가 3억 7,000만원이니…"

동진은 잠시 뜸을 들였다가 다시 말을 이어나갔다.

"3억 7,000만원에 귀를 좀 달도록 하시죠."

"이번에 1회 입찰인데, 그럴 것까지야…"

"아닙니다. 1차 입찰은 그냥 흘려버리라는 건 고정관념에 불과합니다. 제 생각은 다릅니다."

"어떤, 생각이신지?"

"이번 입찰에는 잘하면 최 사장님 말고 한 명 정도가 더 붙을 겁니다. 아니면 단독 입찰일 가능성도 배제할 수 없고요. 그러나 개의치 마시고 3억 7,000만원에 100~200만원 정도 더 보태서 응찰가를 쓰세요."

최보성은 동진의 상식을 깨는 파격에 놀라면서도 경매에 관한 한 동진의 실력을 아는지라 그저 묵묵히 듣고만 있었다.

맥주로 가볍게 목을 축인 동진은 양미간에 주름이 질 정도로 진지하게 다음 말을 이었다.

"우리나라 전체가 거의 토지거래허가제에 묶여 있어, 돈 가진 사람이 땅을 사고 싶어도 쉽게 살 수가 없습니다. 그러나 경매는 토지

거래허가를 받지 않아도 됩니다. 건물을 경매를 통해서 구매할 경우에는, 최 사장님 말씀대로 두어 번 혹은 그 이상도 유찰을 시키는 것이 정석입니다. 그 이유는 건물의 보수비용이나, 세입자를 내보내야 하는 등의 예기치 못한 부대비용이 더 들어가기 때문이지요. 하지만 토지는 용도나 지목 그리고 현지 상황 등 몇 가지 조사만 잘하면 그러한 부대비용이 전혀 들지 않습니다. 더구나 입찰가는 전문감정기관에서 용도나 지목, 현지 상황 등을 전부 고려하여 책정한 가격이기 때문에 일단 매수가를 결정하는 기준으로 삼아도 별 무리가 없습니다. 그런데…"

동진은 잠시 말을 멈추고는 보성의 얼굴을 쳐다보았다. 보성은 귀를 쫑긋 세우고 동진의 설명을 기다렸다.

"그런데 말입니다. 감정원에서 지가地價를 감정할 때 그 토지의 용도나 지목 등을 고려해 평가하지만, 앞으로의 전망이나 계발계획까지는 고려하지 않는다는 거죠. 거기까지는 철저히 응찰자의 능력이자 몫입니다."

보성은 소고기 육회를 매우 즐겨 먹는다. 그래서 시간이 허락되면 금천구 독산동을 자주 방문한다. 그는 그곳에서 새김사의 칼질을 보고 경탄해 마지않은 적이 있었다. 한 뼘 정도의 예리한 칼을 쥔 새김사의 손길은 거의 보이지 않을 지경이었는데 칼날이 장갑을 낀 손 위로 혹은 아래로 향하며, 소리 없이 빠르게 움직이는 손놀림에 따라 가죽이 분리되고 흰 뼈가 하나 둘씩 몸체에서 건져지는 듯

싶더니, 오래지 않아 소의 형태는 없어지고 그냥 소고기만 부위별로 큰 나무도마 위에 누워버리는 것이었다.

'고수다!'

보성은 동진에게서 노련한 새김사와 같은 느낌을 받았다.

"제가 그곳에서 가장 근거리에 위치한 부동산 서너 군데 다녀보며 토지가격을 조사했더니 평당 2만원은 간다고 하더군요. 그러면 토지 전체 금액으론 4억원이 좀 넘는 금액이니 아깝다 마시고 쓰세요. 더구나 전에 말했듯이 인구밀도가 높아질 것 아니겠습니까!"

동진이 말한 인구밀도는 '탈脫수도권'의 영향을 염두에 두고 한 말이었다. 땅값은 인구밀도에 비례한다. 이는 불변의 법칙이다.

"아니, 어느새 현장조사까지 마치셨습니까? 감사합니다. 나는 그저 사무장님만 믿겠소!"

두 사람은 맥주잔을 높이 들어 기분 좋게 건배했다.

며칠 후, 동진은 아침부터 외근을 나갔다가 오후 1시가 되어서야 사무실에 돌아왔다. 동진은 사무실 벽시계를 힐끗 쳐다보았다. 최보성의 보령 토지 입찰이 끝났을 시간인데 연락이 없었다. 동진은 최보성에게 전화를 걸었다.

"문동진입니다."

"아이고! 그렇지 않아도 먼저 전화 올리려 했는데 이렇게 전화를 주셨네요."

최보성의 목소리에서 건조함이 묻어났다.

"어떻게 됐는지 궁금해서요."

"이번에는 사무장님께 양해를 구해야 하겠습니다."

"예?"

"제가 혼자서 바람도 쐴 겸 해서 며칠 전 사무장님 만나 뵙고 나서 부랴부랴 보령으로 내려갔지요. 내려가서 복덕방에를 들렀는데 사무장님 말씀대로 그 정도 가격은 가지만 거래가 없다는 거예요. 게다가 입찰일인 오늘 경매장에서 아는 아우놈을 만났어요. 이 친구도 경매컨설팅을 하는데 절대 들어가지 말라며 이번에 낙찰되면 손에 장을 지진다는 거예요, 글쎄. 아, 그랬더니 오늘 보니까 정말 유찰됐어요. 진짜 한 놈도 안 들어갔어요."

'아무리 날고 기는 고수라 해도 이번에는 당신이 실수를 했다' 고 말하고 싶은 것을 동진이 미안해 할까봐 우회적으로 표현하는 최보성의 마음이 고맙기는 했지만, 동진은 씁쓸한 기분이 드는 건 어쩔 수 없었다.

"그랬군요, 허허."

동진은 헛웃음을 지으며 전화를 끊었다.

그와 같은 일이 있고 난 후 최보성은 예전에 말했던 '아우' 라는 사람을 대동한 채 동진의 사무실로 찾아왔다.

"2차 입찰일이 내일이네요. 이번에는 얼마를 쓰고 들어가야 하겠습니까?"

　보령 토지 건에 대해서 동진은 개입하고 싶은 생각이 전혀 없었다. 지금에 와서 최보성에게 최초감정가 그 이상으로 응찰가를 정하라고 한다면 말을 듣지 않을 것이 분명하기 때문에 차라리 모른 척하는 것이 낫다는 판단에서였다.

　"글쎄요…"

　동진은 말을 아꼈다.

　"허허, 사무장님께서 섭섭하신 게 있는 모양인데 제가 뭔가 잘못한 점이 있으면 사과하리다. 그러니 서운한 점 있으시면 말씀하시고, 이번 한 번만 도와주세요."

　최보성은 충청권 땅투자에 관심이 많았다. 따라서 이번 보령을 교두보로 삼아 충청권을 공략하겠다는 복안을 갖고 있었다. 그래서 집요하게 동진의 도움을 청했다.

　"정 그러시다면 최초감정가에 6,000~7,000만원 정도를 더 쓰세요! 그래도 낙찰될지는 장담을 못합니다."

　언뜻 최보성의 얼굴에 당혹감이 스쳤다.

　"이거 초면에 제가 껴들 일이 아니다 싶어 조용히 있었는데, 저역시 경매 컨설팅을 하고 있습니다만, 너무하시는데요."

　최보성과 같이 온 남자가 불쾌한 얼굴로 불쑥 입을 열었다. 마른 체형임에도 유난히 아랫배가 나와 보였다. 작은 눈에 볼살이 붙어 약간은 사나운 인상이었다.

"형님, 이 사람 얼마나 대단한지 모르겠지만 거기 포기하시고 내가 말한 공장에 응찰하자고요. 내가 정확히 5억 얹어줄 수 있다니까요!"

"사무장님, 이번에는 그냥 최초감정가대로 쓰면 어떨까요?"

최보성이 같이 온 남자를 만류하며 말했다. 이 정도면 많이 양보한 금액이라고 나름 생각했다.

"최 사장님, 오해는 마십시오. 저를 이번 보령 토지 건에 관여시키지 말아주셨으면 좋겠습니다."

이미 동진의 최초 권유를 거부한 최보성을 설득시키는 것도 쉽지 않을뿐더러 예기치 않게 등장한 낯선 사내의 존재가 거부감을 더했다. 그래서 동진은 참견하고 싶은 생각이 털끝만큼도 없었다.

경매물건에 있어 감정가란 늘 현재적 가치를 띨 뿐이다. 감정가는 미래에 대한 가치평가는 반영하지 않는다. 경매전문가라면 적어도 현재가치에 매달리는 근시안적 수준에서 벗어나야 한다. 감정가는 그저 참고사항일 뿐이라고 생각할 수 있어야 한다.

부동산 가격은 교과서나 법률서적에 있는 것이 아니고 멀리 볼 줄 아는 전문가의 판단력에 있음을 어찌 최보성에게 깨닫게 해줄 수 있을지, 동진은 그저 막막했다. 더군다나 경매에 있어 입찰가는 많은 변수를 갖고 있다. 따라서 동진의 판단도 틀릴 수 있다. 만일 틀리더라도 동진의 판단에 공감하고 따라주어야 하는데, 최보성의 주변 사정으로 보아 그것 또한 기대할 수 없다.

"형님! 뭘 그렇게 치사스럽게 사정을 합니까. 공장에서 한 5억, 자신 있다니까요."

"최 사장님, 아무리 말씀하셔도 제 입장엔 변함이 없습니다."

단호한 태도로 도움을 거절하는 동진을 설득하지 못한 최보성 일행은 입맛을 다시며 사무실 문을 열고 나갔다.

이튿날, 동진에게 최보성으로부터 전화가 걸려왔다.

"최보성입니다. 사무장님, 제가 정말 잘못했습니다, 용서하세요. 어떻게 이럴 수가 있단 말입니까! 지금 막 주차하고 있습니다. 사무실로 올라가겠습니다."

잠시 후 최보성이 사무실로 들어왔다. 그는 몹시 흥분된 목소리로 외쳤다.

"3억 7,000만원짜리가 4억 9,000만원이요! 4억 9,000!"

"자, 진정하시고요. 4억 9,000만원이라뇨?"

"오늘 2차 입찰일에, 자그마치 4억 9,000만원을 쓰고 들어왔더라니까요! 오늘 21명이 입찰에 참가했어요!"

어느 정도 예상은 했지만 동진도 이 정도일 줄은 몰랐다.

"사무장님, 왜 이런 일이 벌어지는 거죠?"

"제 경험에서 나오는 얘깁니다만, 경매물건은 도처에 널려 있다 할 정도로 많습니다. 따라서 그 많은 물건에 대해 옥석을 가리기가 용이하지 않습니다. 그런 이유로 전문가들은 우선 1차 경매물건은 깊게 관심을 갖지 않습니다. 한두 번 유찰되면 그때 관심을 갖습니다. 그러다가 이거다 싶으면 감정가에 관계없이 입찰가를 써댑니다. 이런 경우가 여기에 해당한다고 보면 될 것 같고요, 또 한 가지는 '부화뇌동'의 경우이죠. 즉 입찰 당일 응찰자가 많으면 보이지 않는 경쟁을 하게 되고, 거기다 알선업자가 가격 상승을 부추기기도 해서 뜻밖의 입찰가가 나오게 되는 것입니다."

최보성의 표정에선 아쉬워하는 빛이 역력했다.

"제가 큰 실수를 했습니다. 진심으로 사과드립니다, 사무장님."

최보성은 아쉬움 속에서 큰 깨달음을 얻은 듯한 얼굴로 동진에게 공손히 허리를 굽혔다.

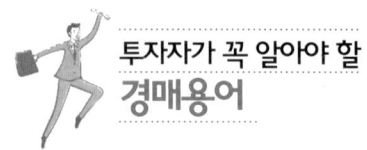

투자자가 꼭 알아야 할
경매용어

● **토지거래허가제**

사유재산권이 인정되는 우리나라에서는 개인 간의 토지 거래가 자유롭게 이뤄진다. 그러나 때로는 토지를 거래할 때 행정관청의 허가를 받아야 하는 경우도 있다. 바로 '토지거래계약허가제'라는 것이다. 토지거래계약허가제란 토지에 대한 거래계약을 체결하기 전에 행정관청(시·군·구청)으로 하여금 거래계약의 적정성을 심사하여 허가여부를 결정하도록 하는 제도다. 이 제도는 토지거래허가구역 안에서 토지거래계약을 체결하고자 하는 당사자는 계약체결 전에 공동으로 허가신청서를 토지 소재지의 시장·군수·구청장에게 제출하여 허가를 받아야 토지거래를 할 수 있도록 하는 것이다.

이때 토지가 둘 이상의 시·군·구에 걸쳐 있을 때에는 면적이 넓은 지역의 시장, 군수, 구청장에게 허가신청서를 제출해야 한다. 처리기간은 15일이다.

토지거래허가구역은 토지의 가격상승이 예상되거나 혹은 토지에 대한 투기가 우려되는 지역을 대상으로 지정된다. 이 제도는 토지의 투기적 거래를 규제하려는 목적으로 도입되었다. 그래서 투기적 거래가 규제의 대상이 된다.

● **지목**

토지를 매입하는 경우에는 특히 '지목'을 잘 확인해야 한다. 매수자가 알고 있는 지목과 등기부상의 지목이 일치하는지 반드시 확인해야 한다. 토지투자에 있어서 '지목'은 가장 중요한 요소다. 토지의 가격은 지목에 따라 달라지기 때문이다.

지목이란, 토지를 용도에 따라 28가지로 분류한 다음 각각의 용도대로 이름을 붙여놓은 것이다. 토지의 지목에는 다음과 같은 28가지 종류가 있다.

전·답·과수원·목장용지·임야·광천지·염전·대·공장용지·학교용지·주차장·주유소용지·창고용지·도로·철도용지·제방·하천·구거·유지·양어장·수도용지·공원·체육용지·유원지·종교용지·사적지·묘지·잡종지.

토지의 지목 중 부동산 거래에서 흔히 접하게 되는 '전, 답, 과수원', 이 세 가지 토지를 묶어 '농지'라고 한다. 농지는 부동산투자자들로부터 많은 관심을 받고 있다.

농지란 지목이 전, 답, 과수원인 토지로서 농사를 짓는 땅을 말한다. 그런데 땅을 보러 다니다 보면 지목이 전, 답, 과수원이 아닌데도 농사를 짓고 있는 땅이 가끔 있다. 이런 땅도 농지에 해당한다. 농지란 지목이 전, 답, 과수원으로 되어 있는 토지만을 말하는 것은 아니다. 지목이 전, 답, 과수원이 아니라도 농사 짓는 기간이 계속해서 3년 이상이면 농지에 해당한다. 토지를 구입할 때는 이 점에 유념해야 한다. 매입하고자 하는 토지의 등기부상 지목이 전, 답, 과수원이 아니더라도 실제적으로 3년 이상 농사를 짓고 있으면 이 토지는 농지이므로, 매수자 본인이 농지를 취득할 자격이 있는지, 또 앞으로 농지를 보유할 자격이 되는지를 잘 살펴야 한다.

● **공시지가**
공시지가란 말을 한자 그대로 풀자면 '공시한 지가' 다. 즉, '공개하여 보여준 토지 가격' 이란 뜻이다. 공시지가에는 '표준지공시지가' 와 '개별공시지가' 가 있다.

● **표준지공시지가**
표준지공시지가는 건설교통부장관이 결정, 공고한다. 그런데 표준지공시지가는 어떤 지역 안에 있는 개별 토지를 다 평가하는 것은 아니고 그 지역 안에 있는 토지 중 표준적인 토지(표준지)를 선정하여 이 표준지의 가격을 평가하여 공시한다.

● **개별공시지가**
개별공시지가란 개별 토지(예를 들면 갑의 토지)의 단위면적당 가격을 말한다. 개별공시지가는 시장, 군수, 구청장이 결정하여 고시하게 된다.

조선안의
실전경매 이야기

6장

기회가 있는 곳에 함정도 있다

"형님 덕분에 진짜 큰일 하나 해결했습니다."

석환은 그동안 곽명주 사장이 갖고 있는 당좌수표를 회수하기 위해 노심초사해왔다. 형사적 처벌을 받는 것이 두려워서라기보다는 곽명주 사장의 따뜻한 배려를 어떻게든 감사하게 갚고 싶었기 때문이다.

"큰일이라니?"

사무실 문을 열고 들어온 석환의 싱글벙글한 표정을 보자 동진도 기분이 좋아졌다.

"이거 당좌수표요."

석환은 수표를 꺼내 동진에게 보여주었다.

동진의 배려로 그가 하는 경매일을 도우면서 받은 돈과 대리운전을 하면서 모은 돈 가운데 아내에게 부쳐준 돈을 제외하곤 정말 석환은 악착같이 돈을 모았다.

모은 돈이 4,000만원 정도 되자 우선 그 돈이라도 전해줄 요량으로 석환은 곽 사장을 찾아갔다. 하지만 곽 사장은 석환이 동진을 도와 경매를 한다는 이야기를 전해 듣고는 열심히 하라며 한사코 4,000만원을 받지 않았다. 그뿐 아니라 자신이 갖고 있던 당좌수표도 석환에게 기어코 돌려주었다.

"열심히 공부해서 돈 많이 벌면 그때 두 배로 갚게나, 허허."

석환은 눈물을 글썽이며 곽 사장에게 큰절까지 올려 감사의 뜻을 전했다.

세상에는 상식선에서 납득이 되지 않는 일이 비일비재하다. 생전에 왕회장으로 추앙받던 고 현대 정주영 회장의 일화는 그러한 면에서 시사하는 바가 크다.

청년 정주영은 사채업을 하는 사람에게 돈을 빌려 자동차 수리공장을 운영했으나 공장이 화재로 소실되어 큰 타격을 입고는 재기 불능의 상황에까지 몰렸었다. 정주영은 다시 한번 사채업자를 찾아가 담보 없이 추가로 돈을 빌려줄 것을 요청했다. 그가 찾아간 사채업자는 담보가 없으면 하늘이 두 쪽 나도 돈을 빌려주지 않았을 뿐 아니라, 한 번 돈을 빌려가 실패한 사업가에겐 단 한 번도 재차 돈을 빌려주지 않기로 유명했던 사람이었다. 하지만 그는 선뜻 정주영에게 돈을 빌려주었다.

그 결과, 정주영은 성공신화를 창조할 수 있었다. 인간관계에 깊숙이 개입되어 있는 보이지 않은 힘, 즉 운명의 힘은 존재한다.

"곽명주 사장님은 참 고마운 분이시지. 그런 고마운 분들 생각해서라도 자네, 앞으로 더욱 열심히 살아야겠네."

곽명주 사장은 동진이 석환에게 소개해 준 인물이었다. 평소 석환의 사람 됨을 눈여겨 살펴온 곽명주 사장은 석환을 친동생처럼 격의 없이 대하고 따뜻하게 보살펴주었다.

"형님, 그래서 말인데요. 제가 가진 4,000만원으로 저도 경매에 본격적으로 참여해볼까 합니다."

석환은 경매 강의도 열심히 들었고 동진의 일을 도우면서 제법 경험도 쌓았다. 게다가 자금까지 생기자, 석환은 한시바삐 경매에 투자해보고 싶었다.

"물건만 좋은 게 있다면 직접 투자해보는 것도 경험을 쌓는 데 도움이 될 거야. 조심해야 할 건 권리분석은 철저히 하고 어려울 것 같으면 나한테 말해."

석환의 경력으로 보아 아직 안심할 단계는 아니지만 동진은 자신이 꾸준히 곁에서 도움을 주면 별 어려움이 없을 거라 싶었다.

"예, 감사합니다!"

석환은 자신 있었다. 그러나 모든 일은 처음이 중요하다. 권투를 처음 배우면서 체력을 기르고 샌드백을 두드리고 새도우 복싱을 서너 달 하다보면 누구와 붙어도 이길 수 있다는 자신감이 생긴다. 하지만 막상 글러브를 끼고 링 위에 서면 3라운드도 채우지 못하고 체력 저하로 눈과 코와 입에서 물을 쏟아낸다.

또 상대의 펀치가 날아올 때 피해야겠단 생각은 있으나 몸이 따라주지 않는다.

이처럼 실전은 직접 해보지 않고는 누구도 그 결과를 장담할 수 없다. 석환은 마음을 단단히 먹고 자신이 갖고 있는 자금에 맞춤한 물건을 찾기 시작했다.

하지만 막상 자신이 직접 돈을 투자한다는 생각을 하고 물건을 찾아보니 마땅한 물건이 눈에 띄지 않았다. 간혹 가격이 많이 떨어져 있어 분석을 해보면 유치권이 성립하여 낙찰대금 외에 유치권으로 담보된 비용을 추가로 지불해야 한다거나 법정지상권으로 인해 토지의 소유권은 가질 수 있으나 토지를 사용할 수 없는 것들, 또는 대항력을 가지는 임차인이 배당요구를 하지 않아 임차인의 보증금을 물어주어야 하는 경우가 대부분이었다. 며칠이 지나도록 석환이 갖고 있는 돈과 석환의 입장에서 따져보아야 할 조건 등에 맞는 물건은 좀처럼 나타나주지 않았다.

"서두르지 말고 차근차근 찾아봐. 그리고 난 2~3개월 예정으로 호주 시드니에 갔다 올 일이 있어. 실수 없이 잘해봐."

동진은 기러기 아빠였다. 늦은 나이에 형수와 결혼해 늦둥이를 보았는데 아이가 학교에 입학하면서 형수가 학부형으로 학교를 갔더니 할머니 오셨다며 아이가 놀림을 당하더라고 했다. 이에 자극을 받은 형수는 유학을 결심했고 한사코 말리는 동진을 두고 호주로 간 거였다.

동진이 출발하고 난 다음날 석환은 윤정의 가게를 방문했다. 마땅한 경매물건을 찾지 못해 풀죽어 있는 석환을 윤정이 뭔가 도움을 주고자 가게로 부른 것이다.

아직 가게 문을 열지 않아 손님은 없었다. 석환이 출입문을 들어서자 탁자 위에 노트북을 올려놓고 뭔가 열심히 검색하고 있던 윤정이 빙긋 미소를 지으며 맞이했다.

"어서 오세요."

"안녕하셨어요, 장 사장님?"

윤정이 석환에게 자신의 옆자리에 앉을 것을 권유했다.

"석환씨, 이거 어때요?"

윤정도 권리분석에는 능하지 않았지만, 대체로 물건 검색 정도는 무리 없이 할 수 있었다. 윤정의 말에 석환은 노트북 화면을 자세히 들여다보았다.

윤정이 찾은 물건은 서울시 양천구 목동 746번지에 위치한 다세대 주택이었다. 감정가는 8,000만원 수준이었는데, 세 차례 유찰되면서 4,096만원까지 가격이 떨어져 있었다. 그 정도 가격이라면 석환이 갖고 있는 자금과 맞아 떨어졌다.

사이트에서 소개한 시세는 감정가를 웃도는 1억원 정도를 호가

하고 있었다. 낙찰에 성공하면 세금을 공제한다고 해도 최소 3,000만원가량 차익을 볼 수 있을 거란 생각이 석환의 머릿속을 빠르게 스치고 지나갔다.

권리관계를 살펴보니 선순위 근저당권자는 국민은행으로 채권최고액 3,000만원이었으며, 선순위 근저당권자인 국민은행보다 두 달 늦게 임차인 유지열이 전입신고를 했지만 확정일자는 교부받지 않았다. 임차보증금은 6,000만원이었고 배당요구는 하지 않았다. 임차인 다음으로 배한성이 근저당권설정등기를 했는데 채권액은 5,000만원이었다. 그 뒤로 가압류 등 많은 청구채권이 있었다. 그리고 배한성이 임의경매신청을 한 사건이었다.

경매신청인 배한성.

임차인 배당요구하지 않음.
말소기준권리인 근저당권등기보다 빠른 임차인이나 기타 권리관계 없음.
따라서 낙찰자가 인수해야 할 부담이 없으므로 안전함.

"어떠세요?"

석환은 일단 자기 나름대로 권리관계를 분석해 보았다. 그러고는 윤정에게 어떻게 생각하는지 자문을 구했다.

"호호, 잘하신 것 같은데요?"

"만일 제가 이 물건을 낙찰받는다면, 말소기준권리가 되는 근저당권이 앞서 있으니 임차인의 보증금은 제가 떠안을 일이 없겠죠?"

"그렇겠죠."

경매에는 임차인이 전입신고와 실제 입주를 함으로써 가지는 대항력, 전세권등기, 가처분등기, 가등기, 지상권등기와 같이 낙찰자에게 부담을 안겨주는 위험한 권리가 존재한다. 반면에 이러한 위험한 권리관계에서 낙찰자를 구해주는 '말소기준권리' 라는 것이 있다. 저당권등기(근저당권등기 포함), 가압류(압류), 담보가등기, 경매개시결정등기 등이 바로 그것이다 경매를 하려면 말소기준권리가 무엇인지부터 알아야 한다. 말소기준권리들 중 어느 것 하나라도 임차인의 전입일보다 빠르면 낙찰자는 임차인의 보증금을 떠안아야 할 일이 없으므로 안심하고 낙찰에 참여해도 된다.

마찬가지로 말소기준권리들 중 어느 것 하나라도 전세권등기나 가처분등기, 또는 가등기나 지상권등기보다 빠르면 안심하고 낙찰에 참여해도 된다. 선순위 전세권이 말소기준권리가 될 수 있느냐의 여부에 대해서는 많은 논란이 있다. 하지만 선순위 전세권자가 배당요구를 했거나 경매신청을 했을 경우 말소기준권리가 된다는 것이 정설이다.

"석환씨, 현장에 가볼까요?"

두 사람은 경매매물이 있는 소재지로 향했다.

"사람이 없는 모양인데."

일요일이라 웬만하면 사람이 있을 것이라고 생각했으나 경매매물로 나온 다세대 주택은 아무리 초인종을 눌러도 인기척이 없었다.

"흠, 아무도 없나봐요. 그러면 옆집을 좀 들여다볼까요? 다세대이니까 구조는 똑같겠죠."

"주인이 보여줄까요?"

"부딪혀 봐야죠."

석환은 옆집의 초인종을 눌렀다. 두 번 벨이 울리자 안에서 목소리가 들렸다.

"누구세요?"

"사모님, 잠깐 내부만 구경하려고 합니다. 잠깐이면 됩니다."

아무래도 남자보다는 여자가 부탁하는 것이 낫겠다 싶어 윤정이 간곡하게 청을 넣었다.

"애가 자는데…"

"잠깐이면 됩니다."

윤정은 말을 마치기가 무섭게 안으로 들어섰다. 그러고는 주인 아주머니 손에 준비한 음료수 박스를 들려주었다. 덩달아 석환도 따라 들어와 안을 들여다 볼 수 있었다. 비교적 구조가 심플하면서 채광도 밝았으며 깨끗했다.

"감사합니다."

두 사람은 깍듯이 인사를 하고 밖으로 나왔다. 인근은 다세대 주택 집단지로 비교적 동네가 조용하고 교통편도 좋았다. 모든 것이

흡족했다. 매물이 마음에 들고부터 석환은 조바심이 났다.

"많은 사람들이 입찰에 들어오면 어쩌죠?"

"먼저 시세나 좀 알아보죠."

석환과 윤정은 서너 군데 부동산사무실을 들러 시세를 조사했다. 그 결과 석환은 입이 함지박 만해졌다. 시세는 9,500만원대가 분명했다. 두 사람이 들렀던 부동산사무실마다 자신들이 책임지고 팔아준다고 했다.

빨리 시간이 흐르기를 바랄 정도로 석환은 입찰이 기다려졌다. 앞으로 사흘 후면 자신의 인생이 완전히 달라질 것 같았다. 과연 얼마를 써내야 할 것인가. 사람은 어떤 대상에 대해 관심이 높아지면 집착을 하게 마련이다. 저렴하다는 이유 하나만으로도 석환의 마음을 빼앗기 충분한 물건이었다. 그렇다보니 너도 나도 그 물건에만 입찰자들이 몰려들 것 같았다.

"석환씨, 부동산은 다 임자가 정해져 있어요. 조바심 낸다고 될 일이 아니니까 침착하세요."

문득 석환은 윤정의 충고가 고마웠다. 석환은 윤정을 바라보며 힘 있게 고개를 끄덕였다.

마침내 입찰일의 날이 밝았다.

경매법정에 들어선 석환은 긴장하지 않을 수 없었다. 이 한 물건에 모든 인생이 걸려 있는 것 같은 생각이 들었다. 이윽고 개정을 알리는 집달관의 멘트가 있고 난 후 응찰표 작성요령과 주의사항, 그리고 진행절차에 대한 상세한 설명이 이어졌다.

집달관의 설명이 끝나자 입찰 희망자들은 입찰표를 받기 위해 단상으로 나갔다. 경매 강의를 들을 때 수없이 연습했었던 입찰표 작성이 왠지 낯설게 느껴지고, 혹시라도 틀리지 않을까 입찰표를 보고 또 보았다.

다행히 틀린 곳은 없어 보였다. 이름과 주소, 전화번호를 정확히 썼고 보증금과 입찰금도 정확하게 작성했다. 입찰표에 입찰금액을 잘못 썼을 때는 새로운 입찰표를 사용해 정정한 가격을 써내야 한다. 안 그러면 무효가 되고 만다. 석환은 혹시나 하는 마음에 지지옥션에서 발행한 경매정보지상의 내용과 일일이 비교해 보았다. 이상이 없었다. 입찰보증금은 최저가의 10%에 해당하는 금액인 409만 6,000원짜리 수표 한 장으로 끊었으니 이상이 없을 터였다.

'입찰표를 작성하는 동안 혹시 누가 내 입찰금액을 엿본 것은 아닐까?'

석환은 이내 불안감이 엄습해왔다. 석환은 안심이 되지 않아 안절부절못했다. 법원경매는 말 그대로 경매 아닌가? 단돈 1원이라도 더 쓴 사람이 낙찰을 받는다.

석환은 다시 단상으로 나아가 새로이 입찰표를 갖고 왔다. 그러고는 종전 입찰가보다 200만원을 더 올려 작성한 다음 집행관에게 제출했다.

'흠… 입찰금액을 아예 500만원쯤 더 올려 쓸 걸 그랬나?'

석환은 돌아서면서 후회가 밀려들었다. 입찰금을 200만원이나 더 올려 작성했건만 그것도 부족할 것만 같았다. 석환은 자신이 써 낸 최종 입찰가가 너무 마음에 걸렸지만 이젠 어찌해 볼 수 없는 노릇이었다. 갖고 있는 돈도 어차피 최저가 언저리에 맞출 수밖에 없었다. 석환은 자신의 운명의 힘을 믿어보기로 하였으나 손을 펴보니 땀으로 흠뻑 젖어 있었다.

드디어 입찰결과를 발표하는 시간이 도래했다.

"2007 타경 1만 3천 6백 **번 서울시 양천구 목동 761번지에 소재한 다세대 주택은 김이수, 유제도, 박종천, 박찬희 네 사람이 응찰하였고, 이 중 김이수씨가 금 2억 4,000만원을 써서 최고가매수인이 되었습니다."

"다음."

집달관은 계속해서 발표를 했다. 목동의 어느 한 아파트는 무려 47명이 응찰하여 1등으로 낙찰된 최고가매수인은 오히려 시세보다 더 높은 입찰가를 작성해 주위사람들의 비아냥거림을 들어야 했다.

'제정신이 아니군. 저렇게 높은 가격으로 살 거면 일반매매로 살 것이지, 웬 경매?'

석환도 쓴웃음이 나왔다.

법원경매에는 일종의 불문율 같은 것이 있다. 뉴타운이나 재개발·재건축 지역의 매물과 같이 개발호재가 존재함으로써 미래의 투자가치가 확실하게 보장된 매물이 아닌 일반매물의 입찰가는 시세보다 저렴하게 써야 한다는 것이 바로 그것이다. 이런 불문율을 어길 경우, 자기 돈으로 하는 경매이긴 하지만 주위사람들의 조롱을 받기 십상이다.

발표가 지속되면서 사람들은 무리를 이루어 경매 단상으로 나아갔다. 떨어진 사람들은 보증금을 되돌려 받기 위해 나간 것이고, 낙찰된 사람은 보증금 영수증을 받으러 나간 것이다.

바야흐로 기다리고 기다리던 석환의 차례가 왔다.

석환은 숨이 가빠오고 맥박이 빨라졌다. 심장이 터질 것 같았다. 아무것도 들리지 않았고, 아무것도 생각나지 않았다. 주위가 온통 하얀색으로 변하면서 무저갱 속으로 빠져드는 느낌이었다. 오직 집달관의 입모양만 보였다. 집달관이 낙찰자를 호명했는데, 석환은 너무나 긴장한 나머지 그만 잘 듣지 못했다.

"저기… 누가 됐답니까?"

겨우 정신을 가다듬은 석환이 자신의 곁에 서 있는 중년부인에게 물었다. 그녀는 발표가 있을 때마다 부지런히 낙찰가격과 낙찰자 이름을 경매정보지에 적어 넣고 있었다.

"오석환이라는 분, 단독이랍니다."

"누구요?"

"오석환이요."

그녀는 미간을 찌푸리며 집달관을 응시한 채 다시 짧게 대답했다.

오 석환이 누군가! 바로 자신 아닌가! 석환은 숨이 멎는 듯했다. 단독으로 낙찰받는 데 성공한 것이다. 석환은 자신의 볼을 꼬집으며 사람들 사이를 헤집고 단상으로 나갔다.

보증금 영수증을 받아 밖으로 나온 석환은 휴대폰을 꺼내 들었다.

"됐어요, 됐어! 장 사장님, 정말 고맙습니다. 제가 크게 한턱 내겠습니다. 아, 이럴 때 동진 형님이 계셨으면 정말 좋았을 텐데!"

석환의 목소리는 하늘을 날아갈 듯 한껏 들떠 있었다.

"어머, 축하해요!"

윤정은 자기 일처럼 기뻐했다. 더군다나 자신이 골라준 물건을 낙찰받는 데 성공하자 마음이 뿌듯했다.

석환은 낙찰대금 납부일이 다가오자 들어갈 돈을 꼼꼼히 따져보았다. 최초입찰가를 4,172만원으로 작성했으나 불안한 나머지 200만원을 올린 금 4,372만원으로 입찰가를 다시 작성하여 써냈었다.

등록세는 낙찰가의 1%. 43만 7,200원
교육세는 등록세의 20%. 8만 7,440원
취득세는 낙찰가의 1%. 43만 7,200원
농어촌특별세는 취득세의 10% + 취득세·등록세 감면세액의 20%. 21만 8,600원
채권은 낙찰가의 약 0.2%. 9만원
현재 사는 사람의 이사비용. 200만원

총계 4,699만 440원

사실 이사비용은 주지 않아도 되지만, 어쩐지 그냥 내보낸다는 것이 마음에 내키지 않았다.

시세를 9,000만원으로 계산해보아도 대략 4,300만원가량 저렴하게 구입한 것이다.

석환이 갖고 있는 돈으로는 약 500만원 정도 부족하겠지만, 그건 은행에서 융자를 받으면 될 것이었다. 입주해서 살아도 좋지만, 임대를 주면 오히려 돈이 남는다.

석환은 머리털 나고 처음 거액을 번다는 생각에 뿌듯한 감정을 주체하기 어려웠다. 더구나 잘만 하면 이 정도는 흔히 있을 수 있는 일이라고 하니 앞으로 또 어떤 일이 벌어질지 부푼 기대감에 구름 위를 떠다니는 듯했다.

잔금기간 첫날, 석환은 은행에 맡겨 둔 돈을 찾아서 대출금을 합쳐 경매잔금을 납부했다.

"잔금을 납부하면 반드시 대금완납증명원을 발급받으세요. 그것이 있어야 인도명령신청도 할 수 있고 경매 부동산 소유권등기이전도 할 수 있습니다."

그는 박 원장의 강의를 떠올려가며 꼼꼼히 챙겼다.

소유자나 임차인과 같은 점유자가 집을 비워주지 않을 경우 낙찰자는 점유자를 직접 내보낼 수 없다. 이때는 잔금납부일로부터 6개월 내에 법원에 인도명령신청을 하여 집달관으로 하여금 점유자를 내보내야만 한다.

잔금을 납부하고 나니 세상에 태어나서 제일 큰일을 한 것 같아 석환은 스스로 대견한 생각이 들었다.

"어떻게 잘 돼가고 있는 거지?"

호주에 있는 동진으로부터 안부전화가 왔다.

"네, 잘됐어요. 단독으로 받는데, 너무 좋아요."

"단독이라고?"

그렇게 저렴한 물건이 단독일 리가 없는데… 동진은 뭔가 미심쩍은 생각이 들었다. 그러나 통화수단이 국제전화이다 보니 구구절절이 묻고 따질 수도 없었다.

"하늘이 도왔죠, 뭐."

일상적인 인사를 나누고 안전하게 귀국하시길 바란다며 석환은 전화를 끊었다. 잔금을 납부했으므로 집 구경도 하고 임차인도 만나서 이사문제도 거론할 겸 해서 석환은 낙찰받은 집으로 향했다.

"누구시죠?"

석환이 초인종을 누르자 생각보다 젊은 사람이 문을 삐죽 열고 내다봤다.

"저는 이제 이 집의 주인이 된 오석환이라고 합니다."

석환은 꾸벅 고개를 숙여 예를 표하고 안으로 들어가도 되겠는지 물었다.

"들어와요."

임차인은 지극히 사무적이고 건조한 표정으로 석환을 맞이했다.

"이사는 언제쯤…"

"이사요?"

석환의 예상과는 달리 임차인의 얼굴에선 걱정스러운 빛이라곤 찾아볼 수 없었다.

"이사비용은 섭섭하지 않게 드리려고 200만원을 준비했습니다."

"이사비용까지는 필요 없습니다. 보증금만 내주시면 곧바로 나가겠습니다."

"선생님께선 법적으로 제가 보증금을 드릴 이유가 없다는 것은 알고 계시죠?"

보증금도 받지 못하고 나가는 임차인이 안쓰러워 끝까지 예의를 잃지 않으면서 좋은 감정을 유지하고자 석환은 애썼다.

"법적으로요?"

"예, 법적으로요."

다소 도발적인 언행이 거슬리기는 했으나 임차인으로서는 충분히 그럴 수 있겠다 싶었다.

"국민은행 저당권이 말소된 것 모르십니까?"

"그거야 알죠."

경매에 있어 저당권은 낙찰자가 잔금을 납부하면 말소된다는 사실을 석환은 배워서 알고 있었다.

"그걸 아시는 분이 이사비용 줄 테니 나가란 말씀을 한단 말입니까?"

"선생님 사정도 딱하지만 저도 만만치 않습니다. 세상에 태어나서 처음 제 집을 장만한 겁니다. 도와주십쇼."

"참으로 딱한 양반입니다. 제가 보기에 굉장히 순진한 분 같은데 저도 손해 안보고 살자니 어쩔 수 없네요."

"예, 제 사정이 그렇습니다."

석환은 어쩐지 주객이 전도되었다는 느낌이 들었다.

"댁은 실수를 한 겁니다."

뭔가 이야기가 점점 어긋나고 있었다.

"실수요?"

인간에게는 오감 외에 '육감'이라는 것이 있다. 경매초보자가 항용 느낄 수 있는 불안감을 넘어서 실체를 알 수 없는 불길한 예감이 석환을 감쌌다.

"자, 그렇게 아시고 이제 나가주시죠."

강의를 통해 듣고 배워왔던 임차인의 약한 모습은 전혀 찾아볼 수 없었다. 악질에게 걸렸다는 생각이 들자 하는 수 없이 석환은 인도명령을 신청하기로 했다.

인도명령제도는 법원경매의 활성화를 위해 마련된 규정이다. 석환은 인도명령신청서를 경매법원에 접수하고 결정문이 나오길 기다렸다. 결정문은 통상적으로 신청 후 2주 정도 뒤에 나온다. 결정문은 신청자와 점유자에게 동시에 송달이 된다.

인도명령신청을 하고 결정문이 나올 즈음하여 심문기일 통지서가 왔다. 정해진 날짜에 법원으로 출석하라는 통보였다. 심문기일은 점유자가 정당하게 점유할 수 있는 권원이 있다고 판단될 경우 판사가 직권으로 심문기일을 정할 수 있다.

석환은 심문기일에 늦지 않으려고 일찌감치 법원으로 들어섰다. 그의 가슴은 집채 만한 불안감이 짓누르고 있었다.

"대위변제하고 저당권을 말소한 것이 분명하지요?"

판사는 부동산등기부등본을 살펴본 후 임차인을 향해 물었다.

"예, 낙찰자가 경락잔금을 납부하기 5일 전에 전부 변제하고 선순위 근저당권등기를 말소했습니다."

임차인은 판사가 묻는 말에 또박또박 모범생 같은 답변을 했다.

"알겠습니다. 두 분 모두 돌아가세요."

석환에게는 말 한마디 할 기회가 주어지지 않았다. 석환은 멍한 표정으로 자리에서 일어섰다. 법원을 통해 문제를 해결하고자 한 사실이 어쩐지 임차인에게 미안한 생각이 들어 그와 마주치지 않기 위해 고개를 숙인 채 빠르게 심문실을 빠져나왔다. 그후 법원으로부터 우편물이 배달되어 온 것은 약 2주가 지나서였다.

"기각이 뭡니까?"

법원에서 송달된 우편물을 뜯어보니 인도명령신청이 기각되었다는 통보였다. 일이 잘못되어가고 있다는 예감은 어느덧 확신으로까지 번져가고 있었다. 석환은 법원 경매계로 달려가 담당계장에게 자신이 받은 우편물부터 내보였다.

"인도명령신청이 받아들여지지 않았다는 말씀입니다."

법원 직원은 석환의 인도명령신청이 기각된 이유를 알아보기 위해 컴퓨터에 저장된 자료를 찾는 듯했다. 커다란 불안감에 짓눌려 있는 석환에게 법원 직원은 너무나 친절하게 대해주었다. 석환은 문득 고마움을 느꼈다.

"기각되면 어떻게 되는 거죠?"

"인도 집행을 할 수 없게 됩니다. 다시 말해 지금 그곳을 점유하고 있는 사람들을 내보낼 수 없다는 뜻입니다."

"못 내보낸다고요?"

석환은 찬물 한 바가지를 머리에 뒤집어 쓴 느낌이었다.

"오석환씨께서 잔금을 납부하기 5일 전에 선순위 저당권이 말소됐어요."

"그게 인도명령신청 기각과 무슨 연관이 있는 겁니까?"

석환의 입안이 바싹바싹 타들어갔다.

"오석환씨께서 임차인의 보증금을 변제해 주어야 하는 상황이 발생된 겁니다."

"예? 임차인의 보증금을요?"

불안감의 실체가 수면 위로 드러나는 순간이었다.

"가까운 변호사사무실을 찾아가 상담을 하시는 게 좋겠어요."

"선생님, 제가 사정이 워낙 다급해서 드리는 부탁입니다. 제가 어떻게 하면 좋을지 좀 설명을 해주시면 정말 감사하겠습니다. 제

목숨이 달린 일입니다."

석환은 금방이라도 울음을 터뜨릴 듯한 표정으로 법원 직원에게 간곡히 청을 넣었다.

"흠, 사정이 딱하신가보군요. 지금은 업무시간이니까 퇴근 후에 잠깐 뵙도록 하죠."

"정말 감사합니다."

석환은 법원 직원이 퇴근할 때까지 법원 입구에서 그를 기다렸다. 이윽고 그가 모습을 드러냈다. 석환은 그와 함께 법원 근처의 작은 식당에 들어가 마주 앉았다.

"위민영 계장이라고 합니다."

악수를 청하는 그의 손이 투박하고 두툼했다.

"이렇게 시간을 내주셔서 뭐라 감사를 드려야 할지…"

물수건으로 손을 닦으면서 위 계장이 입을 열었다.

"법원경매, 처음이신가봐요?"

"네, 사실은 이번이 처음입니다. 그간 어깨 너머로만 배우고 보고 들어왔다가 이번에 악착같이 모은 피 같은 돈을 투자했어요."

"그러셨군요. 오석환씨께서 낙찰받은 물건은 충분히 '대위변제'가 들어올 수 있었기 때문에 다른 사람들은 관심을 갖지 않았던 물건입니다."

"대위변제요?"

임대인보다 상대적으로 약자의 입장에 있는 임차인을 보호해주기 위해 제정된 임대차보호법에 따르면, 임차인이 임대인과 임대차 계약을 체결하고 전입신고와 입주를 마치면 그 익일부터 '대항력 (보증금을 받을 때까지 집을 비워주지 않아도 되는 권리)'을 갖는다. 대항력을 갖추고 여기에 확정일자까지 교부받으면 임차한 주택이 경매를 당할 경우 '배당요구'를 하면 법에 정해진 순위에 따라 법원으로부터 배당을 받을 수 있다. 만약 확정일자를 교부받지 못했거나 확정일자를 교부받았어도 배당요구를 하지 않을 경우 낙찰자가 임차인의 보증금을 반환해주어야 한다.

단, 말소기준 권리가 되는 담보가등기, 저당권, 가압류, 압류의 등기 중 어느 것 하나라도 임차인이 대항력을 취득한 날보다 앞설 경우 이들 등기권리자들의 보호가 우선이므로 임차인이 대항력을 가지고 낙찰자에게 대항할 수 없다. 다시 말해 낙찰자는 임차인의 보증금을 떠안을 의무가 없다.

이번에 석환이 낙찰받은 다세대 주택은 말소기준권리인 선순위 근저당권이 있었기 때문에 임차인이 가지는 대항력은 물론 부동산 등기부등본상의 모든 권리가 말소되므로 낙찰자에게는 아무런 부담이 없었다. 임차인은 보증금이 6,000만원이었고 입주와 전입신고를 마쳤으므로 대항력은 취득했으나 확정일자를 받지 않아 법원으로부터 배당을 받지 못한다.

임차인은 말소기준권리가 된 국민은행의 선순위 근저당권으로 인하여 대항력을 발휘할 수 없는 입장이었다. 그런데 국민은행 근저당권의 채권최고액은 3,000만원이고, 임차인의 보증금은 6,000 만원이다. 국민은행 근저당권이 말소된다면 임차인의 '대항력'이 살아난다. 대항력이 살아난다는 것은 낙찰자가 임차인의 보증금을 물어주어야 한다는 의미다. 따라서 임차인은 국민은행이 설정한 근 저당권의 채권최고액 3,000만원을 자신이 대신 대위변제해준 다음 자신의 대항력을 되살려 낙찰자에게 자신의 보증금 6,000만원을 청구할 가능성이 매우 크다. 자신의 보증금을 전액 날리기보단 3,000만원이라도 건질 수 있는 방법이 있다면 그걸 선택할 가능성이 큰 탓에 다른 투자자들은 석환이 낙찰받은 물건에 관심을 갖지 않았던 것이다.

"임차인으로서는 선순위 근저당권자의 채권최고액 3,000만원을 대위변제함으로써 자신의 보증금 6,000만원을 건질 수 있으니까 당연히 변제를 한 겁니다."

"쉽게 말해 선순위 근저당권등기가 말소되었으므로 제가 임차인의 보증금 6,000만원을 떠안아야 한단 말씀이지요?"

"그렇습니다."

"으음…"

석환의 입에서 절로 신음이 흘러 나왔다. 이처럼 큰 횡액을 당하다니, 석환은 머리가 어지러웠다.

"잔금을 납부하실 때 부동산등기부등본을 다시 확인하셨어야 했는데, 아무래도 낭패를 보신 것 같습니다."

석환은 고개를 떨구고 말았다. 6,000만원을 물어주어야 한다니, 실로 억장이 무너지는 듯했다.

석환은 박 원장과도 다시 상담을 해보고 변호사 사무실에도 이곳저곳 들러 상담을 해보았지만 돌아오는 대답은 위 계장의 설명과 한 치의 어긋남도 없었다. 헤어나올 길 없는 절망감에 빠진 석환은 터벅터벅 고시텔로 돌아왔다.

"지금 어디 계세요?"

햇살도 잘 들어오지 않는 컴컴한 좁은 방에 드러누운 석환에게 윤정으로부터 전화가 걸려왔다.

"그냥 고시텔에 누워 있습니다."

벌써 사흘째 석환은 고시텔에 칩거한 채 두문불출하고 있었다.

"가게로 오실래요?"

"아닙니다, 장 사장님. 지금은 좀 혼자 있고 싶네요."

"죄송해요, 제가 물건을 잘못 골랐습니다."

석환이 너무 괴로워하는 모습을 접한 윤정은 마음이 아팠다.

"별 말씀을요. 다 제가 못난 탓이에요. 절대 장 사장님 잘못이 아닙니다."

"석환씨, 그렇게 누워만 있지 말고 이 기회에 정동구 어르신이나 한번 찾아뵙죠. 석환씨에게 용기를 주실 거예요. 부디 제 청을 뿌리치지 마세요."

"흠, 알겠습니다. 그럼 지금 가게로 가겠습니다."

언제까지 방안에 틀어박혀 있을 순 없는 노릇이었다. 석환은 지푸라기라도 잡는 심정으로 정 노인을 찾아가보자 결심했다. 윤정을 석환을 태우고 천천히 차를 몰았다.

"아니, 바쁠 텐데 여기까지 또 웬일들이신가?"

정 노인은 석환과 윤정을 반갑게 맞이했다. 인자한 농부의 모습을 하고 있던 정 노인의 손에는 흙이 묻어 있었다.

"그동안 안녕하셨는지요?"

석환은 깊이 머리를 숙여 인사를 했다.

"저녁식사 전이지? 자, 신발 벗고 들어가세나."

"전, 저녁 준비해서 들어갈게요."

윤정은 부엌으로 들어갔다.

"자네 얼굴색이 안 좋군?"

방에 들어온 정 노인은 석환의 어두운 표정을 살폈다.

"제가 그만 사고를 쳤습니다. 경매를 한답시고 덤벙대다가 일을 그르쳤습니다."

석환은 부끄러워 정 노인의 얼굴을 똑바로 쳐다보지도 못했다.

"무슨 일이 있었는지 설명 좀 해보게."

"대위변제를 간과한 채 입찰 들어갔다가 선순위 세입자의 보증금을 떠안게 됐습니다…"

석환은 정 노인에게 그간에 있었던 일들을 소상히 설명했다.

"그래서 얼마를 손해 봤다고?"

"임차인 보증금 6,000만원입니다."

"그 주택 시세가 얼마인가?"

"1억원 이쪽저쪽에서 거래되고 있습니다."

"그래? 그런데 무슨 손해를 6,000만원이나 보았다는 거지?"

"보증금을 떠안게 됐으니까요."

"자네가 낙찰받은 물건을 지금 팔면 1억은 받을 수 있다고 하지 않았나?"

"예…"

"그렇다면 보증금 6,000만원을 빼주고도 4,000만원 정도는 남잖아. 자네가 투자한 금액은 4,300만원 정도이고, 취득세와 등록세는 200만원이면 충분해. 그러면 4,500만원인데, 자넨 겨우 500만원 정도 손해 본 것뿐인데 무슨 6,000만원이나 손해를 봤다고 그렇게 울상을 하고 다니는 게야? 뭔 계산이 그래?"

정 노인은 너털웃음을 터뜨렸다.

"혁, 정말 그렇네요."

석환은 어이가 없었다. 석환은 정 노인을 따라 웃었다. 꽉 막혔던 응어리가 말끔히 풀린 상쾌함을 느꼈다.

"경매를 잘하려면 욕심을 버리고 평상심을 가져야 해. 욕심은 마음의 눈을 가리는 어둠이지. 자네가 이번에 실패한 경매를 되돌아보게. 시세가 1억원을 호가하는데 4차 유찰가격인 4,000만원대가 아니라 1차 유찰가격인 8,000만원에 들어갔어도 싼 가격이었어. 그런데 6,000만원대로 떨어졌을 때도 입찰자가 없어 유찰되었었지. 그러면 생각을 좀 달리해서 물건을 바라봤어야지. 왜 사람들이 이렇게 싼 가격에도 응찰하지 않는지를 따져보았다면, 대위변제쯤은 자네도 짚어낼 수 있었어. 그런데 오직 싸게 사서 수익을 많이 내겠다는 욕심이 앞서다 보니 대위변제라는 함정을 보지 못한 거야. 어떤가, 내 말이 틀렸나?"

"아, 아닙니다. 제가 정말 한심했습니다. 죄송합니다, 어르신."

최면에 걸린 사람은 매운 마늘도 달디단 과일처럼 입맛을 다시며 맛있게 먹는다. 석환은 자신이 욕심이라는 최면에 단단히 걸려 실체를 정확히 들여다보지 못한 채 허상만 쫓았음을 비로소 깨달았다. 인생을 살아오면서 무슨 일이든 실패를 한 후 자신의 운명을 원망하기에 바빴을 뿐, 올바른 방법으로 최선을 다했었는가에 대한 반성은 없었다. 과연 자신의 인생에서 '진인사盡人事' 한 후 '대천명待天命' 한 사실이 있었는가? 없었던 것 같다. 석환은 부끄러웠다. 그는 정 노인 앞에 무릎을 꿇었다.

"그렇다고 너무 소심해질 것까진 없네. 젊은이답게 패기와 열정은 간직하되 부디 어진 마음을 간직해주게. 내가 자네를 처음 만났을 때도 당부한 말이지만 어진 마음이야말로 자네를 행복으로 이끌어줄 유일한 안내자일세."

"어르신의 가르침, 마음에 새기겠습니다."

"다시 경매를 하려거든 전에 여기서 만났던 내 아우를 찾아가게나."

"감사합니다. 꼭 찾아뵙도록 하겠습니다."

그때 윤정이 정갈하게 차린 상을 들여오고, 세 사람은 오순도순 단란한 저녁식사를 했다. 밤이 깊고 또 깊어가도록 세 사람의 경매에 관한 이야기꽃은 질 줄 몰랐다.

투자자가 꼭 알아야 할
경매용어

● **말소기준권리**

어떤 권리 이후에 설정된 것들이 말소되고 전에 설정된 것들은 인수되는 하나의 원칙을 발견할 수 있는데, 이를 말소기준권리라는 말로 묶을 수 있다. 경매대상 부동산에 설정된 개별 권리들의 특성을 정확히 이해하고 여러 가지 변수를 점검해야만 풀렸던 권리분석이 말소기준권리라는 공식에 대입만 하면 쉽게 풀려버려 하나의 이론으로 굳어진 것이다.

말소기준권리를 기계적으로 대입하기 전에 왜 어떤 권리들은 말소가 되고 인수되는지 원리를 이해해야 한다. 그래야 말소기준권리의 의미가 정확하게 이해되고 이 내용들이 적용되지 않는 경매물건에 대해서도 대처가 가능하기 때문이다.

우리 민법이 규정하는 경매사건뿐 아니라 어떤 민사사건에서도 예외가 없는 원칙은 '등기 또는 권리는 원래의 목적과 내용대로 인정한다'는 점이다. 또 선순위와 후순위가 충돌할 경우 선순위를 보호한다는 점이다.

● **가처분등기**

부동산을 취득하거나 남에게 빌려준 부동산을 돌려받아야 할 경우, 부동산을 산 사람이 인수하기도 전에 판 사람이 다른 사람에게 이 부동산을 다시 팔고 달아나는 경우가 있는데, 이를 대비해 관할 법원에 가등기 가처분명령 신청을 하여 그 명령에 따라 판 사람이 다시 부동산을 처분하지 못하도록 등기부에 금지사항을 써넣을 수 있게 한 제도를 말한다.

가처분등기를 하게 되면, 등기부에 '양도·담보권 설정 등의 처분행위 금지'와 같은 조항이 기재되기 때문에 상대방이 비밀리에 다른 사람과 매매계약을 하거나 담보권을 설정할 수 없고, 금지조항을 어기고 다른 사람을 속여 매매계약을 했다 하더라도 가처분등기를 한 사람이 소송을 통해 자신과의 매매계약 이후에 설정된 등기를 없앨 수 있다.

때문에 부동산을 사는 사람은, 매매계약을 한 후 곧바로 가처분등기를 해야만 소송제기 때 쉽게 승소 확정판결을 얻을 수 있다. 또 모든 임대차나 매매계약시에는 등기부에 가처분등기가 되어 있는지 확인하는 것이 좋은데, 이는 위의 경우와 같이 이미 팔린 부동산을 다시 살 수도 있기 때문이다.

- **가등기**

  부동산 물권 또는 임차권의 설정, 이전, 변경, 소멸의 청구권을 보전하려 할 때 또는 그 청구권이 시기부, 조건부이거나 장래에 있어서 확정된 것일 때 그 본등기의 순위 보전을 위해 미리 해두는 등기를 지칭한다. 매도인이 이전등기를 하는 데 협력하지 않는 경우나 매매의 예약(豫約)에서 아직 소유권을 취득하고 있지는 않으나 예약자로서의 권리를 확보할 필요가 있는 경우에 이용된다.

- **기각**

  경매를 신청한 절차나 형식이 부적절한 경우에 법원이 처리하지 않는 것을 말한다.

- **대위변제**

  제3자 또는 공동채무자의 한 사람이 채무자를 위하여 변제하는 때에는 그 변제자는 채무자 또는 다른 공동채무자에 대하여 구상권을 취득하는 것이 보통이다. 이때 그 구상권의 범위 내에서 종래 채권자가 가지고 있었던 채권에 관한 권리가 법률상 당연히 변제자에게 이전하는 것을 가리켜 '변제자의 대위' 또는 '대위변제'라고 한다. 변제에 이해관계가 있는 자가 다수일 경우에 그 중 1인이 먼저 변제를 하고 채권자를 대위하게 되면 이에 따라 당연히 혼란상태가 야기되므로(예를 들면 보증인 갑·을과 물상보증인 병이 있을 때 빨리 변제한 자가 채권자의 지위를 획득하고 타인의 재산을 집행할 수 있다), 민법은 각각 관계인에 대하여 변제자 대위의 행사 방법을 합리적으로 규정하고 있다.

- **임대차계약**

  임대차기간의 만료시점이 다가오면 임대인과 임차인은 서로 상대방에게 계약갱신 여부를 통보해야 한다. 임대인의 경우 임대차계약 만료 6개월에서 1개월 전까지 임차인에게 계약갱신에 관해 통보해야 하며, 임차인은 계약기간 만료 1개월 전까지 통보해야 한다. 그런데 임대인이 계약을 갱신하겠다는 통지를 하지 않은 채 임대차기간이 만료되었다면 전임대차와 동일한 조건으로 다시 임대차한 것으로 본다.

조선안의
실전경매 이야기

7장
직접 보고 직접 느껴라

석환이 정동구 노인을 뵙고 온 지도 꽤 여러 날이 지났다. 정 노인이 일러준 대로 석환은 정성만을 찾아가고자 했지만 바쁜 일상 탓에 마음뿐이었다. 그러던 어느 날 정성만이 불쑥 석환을 찾아왔다.

법원 신청계에서 가압류신청서류를 복사하고 있는데, 석환의 휴대폰 벨소리가 요란하게 울렸다. 화들짝 놀란 석환은 재빨리 전화기의 통화 버튼을 눌렀다. 깜빡 잊고 진동 모드로 해놓지 못한 탓에 여기저기서 법원 직원들이 고개를 들어 석환을 바라보았다. 석환은 그들의 업무를 방해한 것 같아 미안했다.

"어떻게, 잘 지내고 계신가?"

걸쭉하고 허스키한 목소리가 석환의 귓전을 울렸다. 하지만 석환은 그 목소리의 주인이 누군지 몰라 어리둥절했다.

"누구신지요?"

"예끼! 이 사람아. 기억나거든 전화하게."

덜컥 전화가 끊긴 후 석환은 곰곰이 생각해보았지만 누구의 목소린지 좀처럼 감이 잡히지 않았다. 그러다가 석환은 문득 떠오르는 이름이 있었다.

'아, 정성만 어른!'

전화기에 대고 호통을 치던 스타일이 정동구 어르신 댁에서 주법에 따라 술을 올리지 않는다고 불벼락을 내리던 정성만 노인의 그것과 똑같았다.

'하, 여전하시구나.'

석환은 불현듯 그를 뵙고 싶다는 생각이 간절해졌다. 석환은 황급히 다시 전화를 걸었다.

"어르신! 몰라 뵙고 불경죄를 저질렀습니다. 용서하십시오. 오석환입니다. 전화상으로나마 안부 여쭙습니다. 조만간 찾아뵙고 정식으로 인사 올리겠습니다."

"젊은 사람이 이제야 사람구실을 하는구먼. 그래, 요즘 뭐하고 지내나?"

"그냥저냥 지내고 있습니다만, 꼭 한번 찾아뵙고 싶습니다."

"내일 아침 8시까지 송내역으로 나오게, 나랑 갈 데가 있으니까."

"네? 내일이요? 어르신, 일단 사무실에 승낙을 받도록 하겠습니다. 만일 다른 일 때문에 못 가게 되면 전화 올리겠습니다."

"무조건 나오게."

일방적 선언과 함께 전화는 다시 끊겼다. 정성만의 성격을 극명하게 보여주는 대목이었다.

석환은 법원에서 돌아와 복사한 서류를 사무실 직원에게 건네주고는 윤정에게 전화를 했다

"문 사무장님이 오늘 저녁 7시에 인천공항에 도착하시는데, 시간 괜찮으시면 같이 마중가시렵니까?"

"호, 네, 그렇게 하죠."

"여깁니다, 형님!"

동진은 7시 20분이 조금 지나서야 입국장에 모습을 나타냈다.

"아, 장 사장님도 나오셨네요. 감사합니다. 석환이 자네, 그동안 잘 있었지?"

손을 흔들며 카트를 밀고 나오는 동진의 얼굴이 약간은 상기된 것처럼 보였다.

"형수님과 조카는 잘 계시죠?"

주차장으로 내려가면서 동진이 들고 있는 짐을 받아들며 석환이 물었다.

"이번에 학교를 옮긴다고 정신이 없는 것 같아. 난 애가 친구들

도 사귀고 해서 그냥 다녔으면 했는데 굳이 일류학교로 옮긴다니, 그냥 그러라고 했어."

기러기 아빠들 대부분이 그렇듯 조기유학은 아내의 입김이 강하게 작용된다. 남자들은 그저 경비만 부쳐주면 된다. 어쩐지 동진의 얼굴에 쓸쓸함이 묻어났다.

"참, 석환이 자네가 낙찰 받은 물건은 어떻게 되었나?"

경매투자 결과가 별로 좋지 않았다는 말은 들었지만 동진은 여전히 궁금한 표정이었다.

"아, 네… 처음엔 너무 당황하고 기분이 안 좋아서 미치겠더니 지금은 괜찮아졌어요. 정동구 어른을 다시 만나 뵙고 나서 많은 것을 느끼고 생각하게 됐어요. 형님만 그때 제 곁에 계셨어도 제가 그렇게 무모한 투자는 하지 않았을 텐데… 어쨌든 제겐 좋은 약이 된 경험이었습니다."

윤정이 운전하는 차가 공항을 빠져나와 서울외곽순환도로로 접어들었다.

"흠, 그래도 큰 손해를 보지 않았다니 여간 다행한 일이 아니군. 이제 시작일 뿐이야. 앞으로 경매에 투자하면서 얼마나 더 상처 받을 일이 발생할지 모르네. 그러니 마음 단단히 먹고 신중에 신중을 기하도록 하게."

동진 자신도 경험이 일천했을 때는 실수를 많이 저질렀다. 실수라기보단 실패라는 것이 더 정확한 표현이었다. 컨설팅을 잘못해

멱살잡이를 당한 적도 있었다. 하지만 경매에선 실패가 아니라 용기를 잃지 않는 것이 더욱 중요했다. 동진은 석환이 그걸 깨달은 듯하여 대견했다.

세 사람은 저녁식사를 간단히 마친 후 헤어졌다. 오랜 비행 끝이라 동진도 피곤했고, 석환 또한 아침 일찍 정성만 노인을 만나러 가야 했기 때문이다.

이튿날 아침, 약속시간에 늦지 않기 위해 석환은 서둘러 송내역으로 향했다. 하지만 석환이 도착했을 때는 이미 정성만이 나와 있었다.

"많이 기다리셨습니까, 죄송합니다."

"아니야, 나도 방금 왔네. 아직 아침 전이지? 어디 가서 밥이라도 먼저 먹도록 하지."

정성만은 석환을 데리고 가까운 순대국밥 집으로 들어갔다.

"자네를 부른 건 딴 뜻이 있어서가 아니고, 나를 도와서 경매를 해볼 생각이 있나 해서네."

"네에? 제가 어르신을 모실 수 있다면 저로서는 다시없는 기회를 얻는 것이지만, 저는 사실 경매를 잘 모르고 더구나 어르신은 저에 대해 잘 모르시는 상태에서 불편하지 않으시겠어요?"

"경매를 모르면 배워가면서 할 수 있는 것이고, 내가 자네를 모르는 건 맞지만 세상 사람들이 형제자매로 태어나지 않고서야 어떻게 처음부터 알고 지낼 수 있겠는가? 사람은 부딪히며 인연을 맺고 그 인연 속에서 우정과 사랑을 만들면서 살아가는 걸세. 처음 만남을 너무 어렵게 생각 말게나."

"…"

한 번 사귀면 깊게 사귀고 정을 주지만 워낙에 낮을 가리는 성격인 탓에 석환은 열린 마음을 갖고 언제나 당당한 정성만의 성격이 부러웠다.

"자네, 땅에 대해 어떻게 생각하나?"

두 사람 앞에 국밥과 깍두기, 풋고추와 고추장이 놓여졌다.

"글쎄요…"

정성만의 느닷없는 질문에 석환은 약간 당황스러웠다.

"마음 편히, 아는 대로 말해보게."

"건물을 짓기도 하고 농사를 지을 수도 있겠고 넓은 터를 조성해 운동장으로 사용할 수도 있을 테고… 뭐, 그런 거 같은데요."

석환이 머리를 긁적이며 나름대로 답변을 내놓는 동안 정성만은 마지막 국물 한 방울까지 남김없이 국밥 그릇을 비워냈다.

"앞으로 자네에게 땅은 '투자대상'으로서의 땅이어야 하네. 흔히 사람들은 땅, 하면 '투기'를 떠올리곤 하지. 투기란 높은 자리에 앉아서 불법적으로 부동산 개발정보를 빼내 거금을 끌어들인 다음 엄청난 차익을 남기고 되파는 따위를 말하지. 하지만 민사집행법에 의해 진행되는 토지경매는 일정한 룰에 따라 이루어지는 수익 창출 게임이라고 할 수 있다네. 그래서 경매는 매우 정당하고 바람직한 투자라고 할 수 있지. 땅뿐 아니라 경매에서 취급되는 부동산은 모두 투자대상일 뿐일세."

"게임이요?"

"인생도 따지고 보면 게임이지. '행복해지기' 게임. 내가 자넬 부른 것은 경매 게임에서 이기기 위해 보충해야 할 전력감을 구하고 있기 때문이지."

"어르신은 부동산경매를 새롭게 해석을 하시는 것 같습니다. 저에게는 정말 신선한 충격입니다."

초라한 옷차림의 정성만, 그러나 그의 언어 구사 능력은 해박하고 예사롭지 않았다. 그 같은 부조화가 석환의 흥미를 더욱 유발시켰다.

"경매게임에서 이기는 방법이 뭔 줄 아나?"

"잘 모르겠습니다."

"싸게 사서 비싸게 파는 걸세."

"그걸 누가 모르겠습니까? 다만 싸게 사는 방법을 모르는 것뿐이죠."

"자넨 앞으로 내게서 그걸 배우게 될 거야."

말을 마친 정성만은 주방을 향해 소주를 주문했다. 의아한 눈빛의 석환을 바라보며 정성만은 빙그레 미소를 지었다.

"배를 먼저 채우고 술을 마셔야 탈이 없지. 빈속에 마시면 짜릿

함은 좋지만 위는 절대 견디지 못한다네."

"그래도… 아침부터, 괜찮으시겠습니까?"

"걱정되면 자넨 마시지 말게. 난 반병만 마실 테니, 어서 술잔이나 채우게."

석환은 정성만이 일러준 대로 공손하게 술을 따랐다.

"싸게 사는 방법이 따로 있습니까?"

"방법이 있으니까 경매해서 돈 벌었다는 사람이 있는 거 아닌가? 중요한 건 누구나 다 싸다고 느끼는 물건은 이미 싼 물건이 아니라는 사실일세. 그런 물건은 낙찰받기가 어려워."

정성만이 술을 마시는 속도는 매우 느렸고, 한 잔은 반드시 네 번에 나누어 마셨다.

"이유가 있습니까?"

"투자자는 실수요자와 가격 경쟁에서 이길 수가 없기 때문이지. 그런 물건 따라 다니다 보면 매번 2등이나 3등만 하게 된다네. 그렇게 되면 경매에 염증을 느끼게 되지. 경매에서 2등은 연필 한 자루도 안 주거든."

"그럼 싸게 사는 방법을 가르쳐 주십시오."

"보채지 않아도 가르쳐줄 걸세. 자네 운전할 줄 알지? 지금부터 팽성읍 송화리로 간다."

정확히 절반을 비운 술병을 뒤로하고 정성만과 석환은 식당을 빠져나왔다. 공영주차장에 주차되어 있는 정성만의 차는 벤츠 S550

시리즈였다.

"헉, 벤츠는 운전해보지 않았습니다."

실내는 매우 품위가 있었으며 단순해 보였다. 그러나 일반 승용차와 달리 기어도 보이지 않는 등 구조가 달라 운전하기가 어렵게 느껴졌다.

"간단해. 기어가 핸드기어라는 점만 다를 뿐, 다 똑같아."

정성만이 먼저 조작법을 설명했다. 생각보다 쉽고 편리했다.

"송화리는 어떤 일로 가시는지요?"

"자네에게 싸게 사는 방법을 알려주려고."

정성만의 설명에 따르면, 송화리에 있는 경매물건은 김흥태라는 사람의 소유로 토지만 경매매물로 나왔고 건물은 미등기 무허가 건물이어서 경매매물로는 나오지 않은 상태였다. 그런데 현재 3차례 유찰이 된 상태였다.

토지만 경매매물로 나왔을 경우 건물에 법정지상권이 성립되는가의 여부를 따져봐야 한다. 법정지상권이 성립될 경우 건물 소유자가 건물을 이용할 수 있는 권리가 있어 토지를 낙찰받는다 해도 견고한 건물일 경우 낙찰자는 최소 30년간 토지를 이용할 수 없게 된다. 토지와 건물이 동일인의 소유였다가 토지 혹은 건물이 저당권의 실행으로 소유권이 달라질 경우 건물 소유자는 토지주에게 법정지상권을 주장할 수 있는 것이다.

다만 건물을 신축할 당시 토지의 등기부등본상에 저당권 설정등기가 없어야 한다.

"어르신!"

"무슨 신?"

"예?"

"앞으로 어르신 대신 사부로 모셔. 그리고 왜?"

"아! 예. 김흥태씨가 토지를 은행에 담보로 제공하여 융자를 받고 저당권을 설정하고 나서 건물을 지었다면 법정지상권이 성립되지 않나요?"

"성립되지 않아. 그건 저당권자를 보호하기 위한 조치야. 저당권자는 나대지 상태에서 돈을 빌려준 거니까 토지를 나대지 상태로 보존을 해줘야지. 나대지 상태로 보존을 해주려면 건물을 철거하는 수밖에 더 있겠어?"

"건물은 어디까지가 건물인가요? 꼭 준공검사를 마치고 등기가 나야 건물이라고 하나요?"

"독립된 부동산으로서의 건물이라고 함은 최소한의 기둥과 지붕 그리고 주벽이 이루어지면 법률상 건물이라고 할 수 있고 그것이 미등기이든 혹은 무허가 건물이든 관계없어."

차는 어느새 경매매물로 나온 토지 인근에 다다르고 있었다. 주변의 부동산 중개업소에 들러 시세를 물어보니 평당 100만원은 호가한다는 귀띔이었다. 정성만은 부동산중개업소를 둘러볼 때 빈손으로 가는 적이 없었다. 반드시 과일이든 음료수든 챙겨 가서 주인에게 건네준 후 질문을 했다. 세상에 공짜는 없다는 게 정성만의 지론이었다.

주변에서 정보를 얻은 결과, 토지는 김흥태씨가 40여 년 전 매매를 통해 소유권을 차지했고, 소유권을 획득한 그해에 건물도 새로 지었다고 했다.

건물은 벽돌이나 슬레이트를 이용하여 견고하게 지은 것은 아니고 함석과 패널을 활용해 조립식으로 지은 것이었다. 건물을 지을 당시 토지를 담보로 제공하거나 저당권이 설정되어 있거나 한 사실은 전혀 없었다. 토지만 경매로 낙찰되어 소유권을 잃게 되는 경우라 하더라도 김흥태씨는 자신의 건물을 소유하고 이용할 수 있는 법정지상권이 성립하여 토지를 최소 15년간 이용할 수 있는 권리가 주어진다. 현재 건물과 토지는 고물상으로 이용하고 있었다.

"사부님, 법정지상권이 성립하는 물건인데다 지목이 '전田'으로 되어 있어서 농지취득자격증명원까지 제출해야 하는데 틀린 거 아니겠어요? 그냥 올라가시죠."

"이 사람아! 법정지상권이 성립한다고 피하고, 유치권을 주장하고 있다고 피하고, 뭐 있다고 피하고, 또 뭐 있다고 피하고… 그럼 경매는 언제 할 건가? 언제 수익을 창출하느냐말이야?"

"그럼 이걸 하시려고요?"

석환은 동진을 떠올렸다. 지난 번 '제로니 플라자' 사례에서처럼 '지료'를 받으려고 하는 것은 아닌가 물어봤지만, 석환의 예상은 완전히 빗나갔다.

"여러 말 말고 운전이나 하게."

"어디로 갈까요?"

"호랑이를 잡으려면 어디로 가야 하나?"

"그야 호랑이굴로 가야죠. 그런데 호랑이굴이 어디죠?"

"경매물건이 있는 그곳이 호랑이굴 아니겠나? 그리로 가게."

석환은 네비게이션에서 지정해준 길을 따라 차를 몰았다. 도착을 해보니 도로 남측에 붙어 있는 토지였다. 도로 북측으로는 도로지표로부터 약 1미터 정도 밑으로 마른 논이 펼쳐져 있었다. 안으로 들어가 보니 연세가 일흔 중반 정도 되는 깡마른 체구의 노인이 한 분 계셨다.

"경매 때문에 왔다면 나가주시오!"

뭔가 정리를 하다가 낯선 사람의 방문을 받자 노인은 당혹감을 감추지 못했다. 침입자를 바라보는 얼굴엔 삶에 지친 피곤함이 묻어 있었다.

"영감님, 많이 힘드시죠?"

정성만이 노인의 제지에도 아랑곳하지 않고 인사를 건넸다. 석환은 정성만의 뒤에 한발 물러서서 노인의 눈치만 살폈다.

"아, 글쎄, 나가달란 말이 안 들리시오!"

노인의 목소리엔 역정까지 담겨 있었다.

"아이고! 다리가 아파 잠깐 앉아서 쉬었다 가렵니다. 너무 역정

내지 마세요, 영감님."

정성만은 노련했다.

"이 사람들이 말이 말 같지 않나!"

"영감님이 어떤 걸 좋아하실지 몰라서 홍삼액으로 가져왔습니다. 기분 좋게 한 병 드세요."

정성만은 홍삼 액기스를 담은 기능성 음료수 박스를 들고 엉거주춤 서있는 석환에게 박스를 건네받아 한 병을 꺼내들고 마개를 돌려 따 노인에게 정중하게 건넸다.

"일 없으니 그냥 나가줘요."

노인의 목소리가 처음보다 한결 부드러워졌다.

"아드님 때문에 마음고생이 심하시죠? 저도 제 아들놈 때문에 문전옥답 다 팔아먹고 고생깨나 했습니다. 얼마나 힘드실지, 그 심정 제가 잘 압니다."

정성만은 음료수 병을 다시 노인의 손에 쥐어주며 따뜻하게 손을 잡았다.

"어디서 오셨소?"

노인은 경계심을 풀고 마치 동료를 대하듯 다정하게 물었다. 잠깐 사이에 분위기가 완전히 반전되었다.

"서울서 다니러 왔다가 잠깐 들렀습니다. 저흰 이만 가보겠습니다. 영감님, 아무쪼록 건강하시고요. 세상사 다 그러려니 하고 마음 푸세요. 자식들은 다 그러면서 크는 거 아니겠어요."

정성만은 말을 마치자 성큼성큼 밖으로 걸어 나갔다.

"조심해 가요."

노인은 잠깐이지만 손까지 흔들어 보였다.

"아 참! 영감님 이따 저녁에 시간 있으시면, 요 아래 경복궁가든에서 약주라도 한잔 하시죠. 7시쯤요."

정성만은 불현듯 돌아서서 노인에게 저녁자리를 제안했다.

"시간이야 있지만…"

말끝을 흐렸지만 싫지 않은 표정이었다.

"기다리고 있겠습니다."

인사를 마친 정성만은 빠른 걸음으로 돌아서 차에 올랐다. 석환도 따라 차에 올랐다.

"사부님, 우리가 지금 호랑이굴에 갔다 온 겁니까?"

석환이 시동을 걸며 물었다.

"갔다 오고도 모르겠나?"

정성만은 연신 차창 밖을 내다보고 있었다. 아마도 지역을 살피는 모양이었다.

"호랑일 잡은 겁니까?"

"호랑일 잡는 게 아니고, 모시려고 한다네."

"그런데 저 영감님 아드님이 속을 썩인다는 사실은 어떻게 아셨어요?"

"부동산등기부등본을 보면 채무액이 자그마치 27억원이 넘어.

저 땅 감정가는 7억 9,000만원이야. 채무자는 대부분 김용환으로 되어 있고. 일흔이 넘은 노인이 그 나이에 은행에서 돈 빌려 사업했겠나? 다 영감님 아들이 말아먹은 거지."

"대단하십니다. 그래서 그 영감님의 아픈 곳을 사부님께서 위무해 주신 거군요. 그러자 그 영감님이 경계심을 풀고 마음을 누그러뜨렸고요."

"허허, 그렇지. 자, 이 마을 몇 바퀴 돌아보고 팽성읍사무소로 가지."

정성만은 토지를 구입할 때 철도, 고속도로나 국도의 접근성 그리고 입·출로를 매우 중시 여기고 꼼꼼하게 살폈다. 토지는 도로와 교통 상황에 따라 그 가격이 결정된다는 것이 그의 지론이었다.

"읍사무소는 왜요?"

"농지취득자격증명원의 발급여부를 알아보기 위해서야."

농지는 농사를 짓기 위해 사야 한다. 그래서 농지를 구입하려면 해당 관청에 영농계획서를 제출해 농사를 지을 계획이 있음을 밝혀야 농지취득자격을 부여받는다. 그것이 바로 농지취득자격증명원이다.

농지의 경우 낙찰받으면, 낙찰허가결정 전에 반드시 농지취득자격증명원을 법원에 제출해야 한다. 만일 이를 제출하지 못하면 낙찰불허가와 함께 보증금 몰수라는 가혹한 결과를 맞이하게 된다. 영농법인이 아닌 일반법인에게는 농지취득자격증명원이 발급되지 않는다.

"실례 좀 하겠습니다."

읍사무소에 들어선 정성만과 석환은 좌우를 살펴보며 인사를 건넸으나 누구 하나 쳐다보는 사람이 없었다.

석환이 헛기침을 하며 컴퓨터 화면에 코를 박고 있는 직원에게 농업취득자격증명원에 관해 문의사항이 있다고 하자, 그는 그때서야 두리번거리며 사무실 한켠에 앉아 있는 40대 초반의 사내를 턱으로 가리켰다.

"농취증은 저기 있는 직원에게 물어보시죠."

석환이 다시 그 직원 앞으로 다가가자 그는 심드렁하게 말했다.

"무슨 일이시죠?"

"법정지상권이 성립되는 타인의 건물이 있을 경우 농지취득자격증명원이 발급될 수 있나요?"

석환의 곁에 있던 정성만이 직원에게 단도직입적으로 질문했다.

"건물을 철거하면 모를까, 그렇지 않으면 건물 때문에 농사를 지을 수 없기 때문에 발급이 안 됩니다."

법정지상권과 농지취득자격증명원을 결부시켜 묻는 질문에 명쾌하게 답변하는 공무원은 많지 않다. 하지만 정성만의 질문에 답변하는 이 담당자는 경험이 풍부한 탓인지 노련해 보였다.

"아주 친절하시군요. 고맙습니다, 잘 알았습니다."

담당자는 결코 친절하지 않았지만 정성만은 원하는 답을 얻었는지 만족스러운 표정이었다. 정성만과 석환은 서둘러 읍사무소를 빠져나왔다.

"이제, 어디로 모실까요?"

"사우나가 있는지 좀 찾아보게. 피로를 좀 풀어야지."

"사부님, 토지 위에 있는 건물에 법정지상권이 성립하는 건 맞지요?"

시골 목욕탕이었지만 제법 시설을 갖추고 있었다. 하지만 평일이고 낮시간인지라 손님은 그리 많지 않았다.

"자네도 확인했잖아."

옷을 입고 있을 때는 뚱뚱하다 생각했는데, 막상 탈의를 한 모습을 보니 근육질의 몸매가 예사롭지 않았다.

"법정지상권도 성립하고 농지취득자격증명원도 발급되지 않는 최악의 토지를 어떻게 하려고 그러시는지 궁금하다 못해 답답합니다. 말씀을 좀 해주시죠."

"뭘 어떻게 해? 싸게 사려는 거지."

한증막의 온도는 섭씨 80도를 유지하고 있었다. 뜨겁게 느껴지지는 않았지만 땀은 쉴 새 없이 흘러내렸다.

"우선 농지취득자격증명원이 발급되지 않으니까 낙찰불허가가 떨어질 거고요, 그렇게 되면 보증금을 몰수당할 텐데…"

"내가 해줄 수 있는 말은, '보고 느껴라' 밖에 없네."

한증막에서 땀을 낸 정성만은 곧바로 냉탕으로 뛰어들었다.

'보고 느껴라…'

석환의 입장에선 좀처럼 이해가 되지 않는 말이었다. 마치 선승들의 선문답처럼 알쏭달쏭했다.

석환은 자꾸 물어보기도 민망해 혼자 탈의실로 나와 동진에게 전화를 걸었다. 그리고 자초지종을 설명했다. 하지만 동진도 정성만의 행동을 이해하지 못하는 것 같았다. 다만 동진도 결과가 어떻게 될지 몹시 흥미를 느끼는 듯했다.

사우나에서 나와 약속장소인 경복궁가든에 들어서니 오후 7시 정각이었다.

그런데 뜻밖에도 김흥태 노인이 먼저 나와 구석진 곳에 자리를 잡고 있었다.

"어서들 오시오."

노여워하던 첫만남과는 달리 김 노인은 오랜 친구를 맞이하듯 반갑게 맞아주었다.

"아이고, 벌써 나와 계셨군요, 죄송합니다."

정성만과 석환은 김 노인에게 예를 갖춰 공손히 인사를 드렸다.

주문한 술과 안주가 나오고 정성만이 술을 올리려 하자 김 노인이 빙긋 웃었다.

"기왕이면 폭탄주로 한잔 주시죠."

"괜찮으시겠습니까?"

"괜찮아요. 이 나이에 내가 즐길 수 있는 유일한 호사가 폭탄주라오."

폭탄주가 몇 순배 돌고 나자 두 사람은 모두 얼굴이 불콰해졌다. 석환은 운전 때문에 술을 마시지 않았다. 김 노인과 정성만은 주로 자식들 이야기로 대화를 끌어갔다. 김 노인은 자신의 아들이 머리가 좋고 성실한데 하는 것마다 안 풀려 속상하다고 깊이 탄식했다. 이 모든 게 자신이 저지른 악행에 대한 업보인 듯해 너무 마음이 아프다고 눈물까지 글썽였다. 정성만은 김 노인의 말에 긴긴이 고개를 끄덕이며 그를 성심껏 위로했다.

"이렇게 만난 것도 인연인데, 앞으론 제가 형님으로 모시겠습니다. 아우가 올리는 술 한 잔 받으시죠."

정성만은 무릎을 꿇은 채 맥주잔을 김 노인에게 건넸다. 김 노인은 매우 감동한 표정으로 황망히 잔을 받았다.

"사실 앞으로 어떻게 해야 할지 모르겠소, 아우님."

대화가 경매로 이어지자, 김 노인은 낙망하는 표정이 역력했다.

"지금 갖고 있는 땅 말고도 내가 살고 있는 아파트 또한 경매에 부쳐진다는 통보를 은행으로부터 받았다오."

"형님, 하늘이 무너져도 솟아날 구멍이 있다는데 너무 심려치 마세요."

"당장 거리에 나앉을 판인데, 정말이지 마누라나 손주들이 걱정이에요."

김 노인의 아들은 정말 망해도 철저하게 망한 듯했다. 김 노인이 소유하고 있는 부동산마다 설정된 저당권이나 가압류 등 채무액이 부동산가격을 훨씬 웃돌고 있었다.

"형님, 오해 마시고 들으세요. 괜찮으시다면 제가 한 5,000만원 해드리겠습니다."

정성만의 제의에 깜짝 놀란 사람은 김 노인이 아니라 석환이었다.

'5,000만원? 술이 너무 취하신 건가… 제아무리 의형제를 맺었기로서니 어떻게 처음 보는 사람에게 그처럼 많은 돈을 눈 하나 깜짝 않고 내준단 말인가!'

석환은 할 말을 잃은 채 정성만을 바라보았다.

"내가 왜 아무 이유 없이 아우님의 도움을 받겠소."

자존심이 상한 듯 김 노인의 안색이 약간은 불편해 보였으나 완강하지는 않았다.

"아닙니다, 경매 나온 토지 위에 지어진 건물을 제게 판다고 생각하세요."

"그 건물은 값어치가 거의 없는데…"

"아무 말씀 마시고 그렇게 하세요."

아무리 형편이 어려워도 그렇게는 할 수 없다는 김 노인을 끈질기게 설득한 정성만은 마침내 건물양도서에 도장을 받고 그 자리에서 지갑을 열어 5,000만원을 건넸다. 그것을 끝으로 세 사람은 자리에서 일어났다. 석환은 김 노인을 집에까지 모셔드리고 차를 돌려 부천으로 향했다.

"사부님, 오늘 약주가 너무 과하셨던 거 아닙니까?"

석환은 지금까지 정성만이 5,000만원을 김 노인에게 주었다는 사실이 풀리지 않는 수수께끼인 것만 같았다. 건물을 양도받은 대가라고는 하지만, 실제 그 건물의 가치는 단돈 500만원도 안 된다. 그런데 5,000만원이라니, 정말 정성만이 벼랑 끝에 몰린 사람에게 큰맘먹고 적선이라도 한 것일까…

"5,000만원 때문에 그러나?"

"아, 네…"

"다 누이 좋고 매부 좋자고 한 일이라네."

정성만은 도무지 알 수 없는 선문답을 내고는 의자를 뒤로 젖힌 채 이내 코를 골며 단잠에 빠져들었다.

경매로 나온 땅은 놔두고 쓸모없는 건물은 왜 사는지 석환은 운전하는 내내 결코 납득이 가지 않았다. 밤 10시가 지난 지방 고속도로는 텅 비어 있었다. 가속페달을 밟으니 계기판의 속도계가 180킬로미터를 훌쩍 넘어버렸다. 도로를 달리는 것이 아니라 미끄러진다는 느낌이었다. 과연 벤츠는 벤츠였다.

정성만은 인천시 계양구 계산동에 살고 있었다. 정성만의 저택은 그야말로 호화판이었다.

대지만 600평이라고 했다. 한옥으로 지어진 주택은 세 채로 나뉘어 있었으며 본채는 100평이 넘어보였다. 계양산을 배경으로 약간 경사진 면에 위치하고 있었는데 실로 웅장했다. 정동구 노인이 살고 있는 집과 너무나 비교가 되었다. 그야말로 극과 극이었다. 나중에 안 사실이지만 이 저택은 원래 정동구 노인의 소유였었는데 정성만이 인수를 한 거라고 했다.

정성만을 집에까지 모셔다준 다음 석환은 터벅터벅 걸음을 옮겼다. 도무지 알 수 없는 긴 하루였다.

'보고 느껴라… 누이 좋고 매부 좋은 일이다…'

석환은 고개를 흔들며 밤길을 걸었다.

"왔어?"

이튿날 아침 출근을 해보니 동진은 벌써 사무실에 나와 있었다. 그는 어떤 여자와 마주 앉아 대화를 나누고 있었다.

"진정하시고, 제 말씀을 들으세요. 아주머니."

30대 중반으로 보이는 여자는 아주머니란 표현을 매우 못마땅해 하는 것 같았다. 하지만 동진은 눈치 채지 못하고 있었다.

"말씀해보세요."

퉁명스러운 어투로 여자가 말했다.

"저희가 소송을 맡기 싫어서가 아니라 아주머니께서 전세권자의 보증금 5,000만원을 반환해 주셔야 합니다. 그렇지 않고서는 전세권자를 내보낼 수 없습니다."

여자는 경매를 통해서 아파트를 구입했으나 전세권자가 배당요
구를 함으로써 배당금까지 받고서도 아파트를 명도해 주지 않자 명
도소송을 의뢰하기 위해 변호사사무소를 찾았던 것이다. 하지만 사
건의 전모를 듣고 난 동진은 전세권자의 보증금을 반환해 주지 않
으면 소송을 해도 안 되니까 5,000만원을 주고 타협을 보라고 권유
했다.

"선순위 전세권자가 법원에 배당을 요구하면 전세권등기는 말소
되지요? 맞죠? 그리고 그 사람들 배당받았지요? 그럼 내보낼 수 있
는 거잖아요. 아저씨, 사무장 맞기는 맞아요?"

여자는 노골적으로 동진을 무시했다.

"전세권등기는 당연히 말소가 되는 게 맞습니다."

"그런데 왜 제가 전세권자에게 5,000만원을 더 물어줘요? 이 아
저씨 순 엉터리네. 변호사하고 상담하고 싶으니까 변호사 오라고
하세요."

석환이 옆에서 들어보니 대강의 내용은 이러했다. 여자는 감정
가 1억원짜리 다세대 주택을 5,000만원에 낙찰받았는데, 그 다세대
주택에는 전세권자가 있었고 전세 보증금은 1억원이 설정되어 있
었다. 전세권자는 전세권등기 외에 전입신고도 하였고 임대차계약
서도 작성했는데, 계약서상에 확정일자를 교부받지 않고 전입신고
이틀 후 전세권등기만 하고 거주해온 것이었다. 그후 임차인은 집
주인이 보증금을 빼주지 않자 전세권등기를 이용해 경매를 신청했

던 것이다.

"변호사 상담은 물론 하실 수 있습니다. 아주머니, 하지만 제 말을 한 번 더 들어보시고 하셔도 늦지 않습니다."

"말해보세요."

"그 전세권자는 전세권자이면서 또한 세입자, 즉 임차인이기도 한 겁니다."

"…"

여자의 당당하던 모습은 사라지고 표정이 매우 어두워졌다. 선순위 전세권자가 배당요구를 하면 전세보증금에 대해 전액을 배당받든, 그렇지 않든 전세권등기는 말소가 된다. 하지만 전세권자가 동시에 선순위 임차인이라면 임차인으로서 대항력을 갖기 때문에 낙찰자는 임차인의 보증금을 물어주어야 한다.

"보세요, 임차인이 무서운 건 대항력을 가졌을 때죠? 그런데 그 세입자는 분명히 전입신고를 했고 전입신고 한 날 이사도 했습니다. 그렇다면 대항력이 있는 거구요. 대항력을 갖췄는데 나머지 돈 안 받고 나가겠어요?"

'확인사살' 과도 같은 동진의 말에 여자는 힘없이 자리에 털썩 주저앉았다.

"사무장님 어떻게 방법이 없나요?"

조금 전과는 사뭇 다른 말투였다.

"이 경우엔 죄송하지만 대책이 없습니다. 보증금을 물어주셔야 합니다."

여자는 처음과 달리 고맙다는 인사말을 남기고 힘없이 사무실 문을 열고 나갔다.

"형님, 경매가 이렇게 힘들고 어려운 겁니까?"

자신의 처지와 비슷한 상황에 처해 있는 여자에게서 석환은 동병상련의 정 같은 걸 느꼈다.

"경매에는 단계가 있어. 자네나 저 여자 분이나 다 같은 실수를 했는데 거기에는 공통점이 있어. 우선 대항력을 경시했다는 것과 경매에 대해 조금은 안다는 것이야. 방금 전 나와 상담을 한 여자분도 내가 대항력에 대해 말하니까 금방 알아듣잖아? 그건 경매를 전혀 모르는 게 아니라는 거지, 자네도 마찬가지고. 선무당이 사람 잡는다고 경매를 어설프게 알면서도 겁이 너무 없었어. 다른 사람들이 안 들어갈 때는 왜 안 들어가는지 원인부터 파악을 해야 하는데 값이 싸니까 욕심이 앞서서 대충 괜찮겠지 하고 저지르다 보니 그런 결과가 나타나는 거야. 유경험자들이 하는 걸 보면서 경험을 많이 쌓아야 해."

"제가 어느 책에서 읽었더니, 3,000만원 가지고 3년 만에 10억원을 벌었다고 하던데, 그거 진짜 가능한 일입니까?"

석환은 자신의 경매 노하우를 책으로 펴내 베스트셀러로 만든 한 여성을 떠올렸다.

"그 책 나도 읽었다네. 그리고 결론부터 말하자면 그건 가능하지. 책을 쓴 그 여자는 처음 학원에서 경매를 배우고부터 직접 뛰어들었는데, 처음에는 권리분석을 모두 전문가에게 맡겼다네. 그러고는 전문가에게 꼬치꼬치 캐묻고 노트를 하면서 실수를 줄여나갔지. 그렇게 시간이 흘러 어느 정도 자신감이 생겼을 때도 미리 권리분석을 해보고 또 전문가에게 검증을 받고 하면서, 실수로 야기되는 비싼 수업료를 지불하지 않았지. 그러고 나서 경매의 특성을 잘 살려서 단타로 치고 빠지는 방법으로 돈을 벌었는데 아주 부지런했어. 그녀의 성공비결은 부지런함에 있었지. 특별히 유치권이나 법정지상권이 성립되어 가격이 많이 떨어진 물건을 찾아서 돈을 번 것이 아니고 일반적인 물건이 어느 정도 가격이 떨어지면 낙찰받아 손질해서 되팔아 차익을 챙긴 건데, 이를테면 다세대를 사서 부분부분 수리도 하고 거실이나 안방, 화장실에 대한 디스플레이를 그럴싸하게 해서 약간의 마진을 남기고 팔아서 수익을 남기는 방법을 택했어."

"경매에서 일확천금을 바라고 덤벼들었다가는 안 되겠군요."

"인생사가 다 그런 거 아니겠어?"

"하여튼 평생 반성하고 깨우치면서 살아가야겠어요. 도를 깨치는 심정으로."

"아 참, 그 정성만 어른이 무엇 때문에 별 볼일 없는 건물을 사셨는지 말씀 안 해주셨나?"

어제 정성만의 행동이 경매의 일환으로 행한 것인지, 아니면 다른 이유가 있어서인지 동진도 매우 궁금했던 모양이었다.

"아직도 오리무중입니다. 말씀을 안 해주시니까 저도 답답해요."

"앞으로 지켜보면 곧 알게 되겠지."

"하루빨리 고수가 돼야지 안 되겠어요."

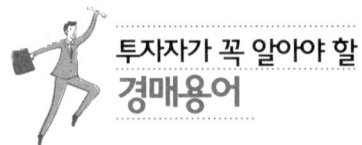
투자자가 꼭 알아야 할
경매용어

● **나대지**

지목이 대지인 토지로 영구적인 건축물이 지어져 있지 않은 토지, 건축물이 지어져 있는 토지라도 무허가 건물이 지어져 있는 토지, 건축물의 부속토지가 너무 넓어 일정 기준을 초과하는 토지 등을 말한다.

● **농지취득자격증명원**

농지법 제8조에 의해서 농지를 취득하고자 하는 자는 농지(전, 답, 과수원) 소재지를 관할하는 시, 구, 읍면장으로부터 발급을 받는 서류. 영농의 영세화를 방지하고 농업인이 아닌 사람에게 취득되는 것을 가급적으로 방지하려는 취지다.

● **농지법**

1996년 1월 1일부터 농지를 취득하기 위해 종전에 받았던 농지매매증명 대신 개정된 농지법 제8조의 규정에 의한 농지취득자격증명을 발급받아야 농지를 취득할 수 있게 됐다. 개정된 농지법에 따르면 작목별 주요 농작업의 3분의 1 이상을 자기 또는 세대원의 노동력에 종사하거나 자신이 직접 1년 중 30일 이상 영농에 종사하면 농지취득자격증명원 발급이 가능하여 농지를 취득할 수 있다.

● **전세권**

전세권은 전세금을 지급하고 타인의 부동산을 점유하여 그 부동산의 용도에 따라 사용·수익하며, 부동산에 경매가 실행된 경우 후순위권리자, 기타 채권자보다 전세금의 우선변제를 받을 수 있는 권리다.

전세권의 목적물은 타인의 부동산(토지 또는 건물)이다. 단, 농경지는 전세권의 목적이 될 수 없다. 부동산의 일부, 즉 1필의 토지 일부 또는 건물의 일부에도 전세권을 설정할 수 있지만, 부동산의 일부가 전세권의 목적이 된 때에는 등기신청서에 그 도면을 첨부해야 한다.

또한 전세권은 전세금의 지급을 요소로 하며, 전세금은 금전으로 지급돼야 한다. 그리고 전세권자에게는 전세금에 관해 우선변제권이 인정된다. 전세권기간이 만료되었음에도 전세권설정자(주인)가 전세금의 반환을 지체하는 경우 전세권자는 전세목적물의 경매를 청구할 수 있고, 낙찰대금에서 후순위권리자, 기타 채권자보다 우선하여 전세금을 변제받을 권리가 있다.

전세권의 존속기간은 전세권을 설정할 때 정하는데, 그 기간은 10년을 넘지 못한다. 만약 당사자의 약정계약이 10년을 넘을 때는 이를 10년으로 단축한다. 전세권의 갱신이 있는 경우에는 갱신한 날로부터 10년을 넘지 못한다.

전세권의 존속기간에는 최장기에 대한 제한뿐 아니라 최단기에 대한 제한도 있는데, 건물에 관한 전세권의 존속기간을 1년 미만으로 정한 경우에는 1년으로 본다. 만일 전세권을 설정하면서 존속기간을 정하지 않은 때에는 기간의 약정이 없는 전세권이 되며 이 경우 각 당사자는 언제든지 상대방에 대하여 전세권의 소멸을 통고할 수 있고, 상대방이 이 통고를 받은 날로부터 6월이 지나면 전세권은 소멸한다.

전세권의 존속기간이 만료된 경우 당사자 간의 약정으로 갱신할 수 있다. 갱신된 전세권의 존속기간은 갱신한 날로부터 10년을 넘지 못하며, 약정에 의한 갱신은 등기해야 효력이 생긴다.

그런데 건물의 전세권설정자(건물 주인)가 전세권 존속기간 만료 전 6월부터 1월까지 사이에 전세권자에 대해 갱신거절통지 또는 조건을 변경하지 않으면 갱신하지 않는다는 뜻의 통지를 하지 않은 경우, 전에 설정된 전세권과 동일한 조건으로 다시 전세권이 설정된 것으로 본다. 이를 '법정갱신' 또는 '묵시의 갱신'이라고 하는데, 이 경우 전세권의 존속기간은 정하지 않은 것으로 본다. 법정갱신은 법률의 규정에 의한 것이므로 등기 없이도 효력이 발생한다.

조선안의
실전경매 이야기

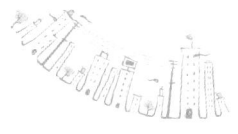

● 8장
경매투자는 창조의 결과물이다

"오늘 강화 다녀올 수 있지?"

"강화는 왜요?"

"유치권 신고가 된 경매물건이 하나 나왔는데, 유치권에 관해 몇 가지 조사할 게 있어서."

동진은 경매물건에 관한 정보지를 석환에게 건네주면서 무엇을 살펴보아야 하는지 상세히 일러주었다.

"일단 현황만 살펴보고 오게나. 시간이 그리 오래 걸리진 않을 것이네."

"네, 알겠습니다."

석환은 곧바로 차를 몰아 강화로 출발했다.

동진은 일찍이 강화 지역에 많은 관심을 기울였다. 중국과의 교류가 활발해지면서 중국과 인접한 강화나 김포, 화성, 태안 등지가 지금도 물류기지로 각광을 받고 있지만 시간이 갈수록 더욱 늘어나게 될 교역량에 따라 더욱 세인들의 관심을 끌게 될 것이라고 동진은 판단했다.

참여정부에서 추진한 신행정 수도 이전 계획도 어찌 보면 중국의 영향을 받았다는 점과 사실상 두 개의 정부를 인정하여 평화와 안정에 중점을 두자는 포석도 깔려 있음을 부인할 수 없을 것이라고도 생각했다.

석환은 자주 올 수 없는 곳이라는 생각에 우선 강화 전체를 돌아보기 위해 강화읍에서 다시 강화대교 방향으로 차를 돌렸다. 오던 길로 되돌아간 것이다.

해변도로를 따라 갑곶돈대에서 출발해 신정리– 지산리– 연리– 고능리– 외포리까지 갔다가, 고천리– 오상리– 동막리로 들어가서 하점을 거쳐 다시 강화읍 쪽으로 차를 몰았다. 석환이 느끼기에도 강화는 김포와 더불어 많은 발전 가능성을 내포하고 있는 곳처럼 보였다.

먼저 넓은 평야가 펼쳐져 있어 큰 도시가 형성될 수 있고, 강화읍을 제외하고는 마치 원시림과 같이 아직 개발 전이라서 개발보상비가 저렴하고, 전면이 바다를 접하고 있어 관광자원으로의 가치를 내포하고 있으며, 수도권과 인천공항 근접거리에 있다는 장점이 무엇보다 그 가능성을 보여주고 있다 할 터였다.

토지의 가격이 상승하는 요인이 무엇인가? 결국은 도시가 형성되어 질 좋은 삶을 영위할 수 있는 곳이면 땅값은 상승한다. 강남은 개발이 시작된 이래 30년간 땅값이 약 1,000배 폭등했다. 이는 얼마나 훌륭한 본보기인가. '다음의 신도시는 어디가 낙점될 것인가?' 이를 알아낸다는 것은 어떤 땅에 투자를 해야 하는가를 알아내는 것과 같다.

도시가 형성되기 위해서는 도시를 받아들일 수 있는 넓은 면적의 토지가 있어야 하고, 기존 도시와 연계될 수 있는 도로망이 형성되어 있거나 형성될 수 있는 여지가 있어야 한다. 수도권은 날로 팽창되어가고 있다. 갈수록 신도시의 공급을 필요로 하고 있다는 의미다. 도시가 형성되기 전 먼저 시행되는 것은 도로 확보를 위한 공사다.

강화를 한 바퀴 돌면서 동진의 말을 상기하는 동안 석환은 강화읍 선원면 선행리에 도착했다.

경매에 부쳐진 물건을 찾는 데는 그리 오랜 시간이 필요치 않았다. 대지 7,300평에 건평이 1,330평으로 최초감정가는 59억원(대지 17억원, 건물 42억원)이었다.

건물은 흰색도료로 칠해져 있었다. 건물에 접근해 유치권이 성립하는지의 여부를 파악하기 위해 석환은 동진이 지적한 사항을 하나씩 체크해나갔다. 동진은 먼저 윤정이 나이트클럽 건물을 낙찰받을 당시 유치권에 대해 세세히 설명을 해준 바 있었다. 하지만 유치권 자체가 어려운 내용인 탓에 다시 한번 강조하는 의미에서 상세한 설명이 있었다.

이 물건에 관한 유치권행사는 건물을 지어주고 40억원 상당의 건물 공사대금을 받지 못하게 되자 건물을 점유하고 유치권행사를 하고 있는 것이라고 했다. 유치권이 성립하는 물건을 경매로 낙찰받을 경우 낙찰대금 외에 유치권을 행사하는 유치권자에게 유치권의 근간이 되는 채권(여기서는 건물 공사대금)을 지불해야 건물을 인수받아 온전히 소유권을 행사할 수 있다.

따라서 이 물건을 낙찰받는다 해도 낙찰대금 외에 별도로 현재 점유하고 있는 유치권자들에게 40억원 상당의 공사대금 채권을 지급해야 건물을 인수받을 수 있다.

유치권이란 이를테면 시계수리를 의뢰했을 경우 수리비를 주지 않으면 시계수리공은 수리비를 받을 때까지 시계를 돌려주지 않고 보관하게 되는데, 이때 시계를 돌려주지 않고 보관하는 것을 일컬어 유치권을 행사하고 있다고 보면 된다. 즉 민법에 규정된 정당한 권리인 것이다.

유치권에 대해 체크할 때는 다음 몇 가지 사항을 꼼꼼하게 살펴야 한다고 동진은 석환에게 당부했다.

첫째, 준공년월일을 살펴야 한다.

유치권자들은 공사대금채권을 가지고 있어 이를 받을 목적으로 건물을 점유함으로써 유치권이 발생한 것이다. 따라서 공사대금채권이 소멸되면 유치권도 소멸된다(물권의 부종성). 공사대금채권은 변제 혹은 시효의 완성에 의해 소멸된다. 채권이 소멸된다 함은 채무자에게 지급을 요구할 수 없다는 뜻이다.

공사대금채권의 소멸시효는 3년이다. 공사가 완료되고부터 3년간 채권행사를 하지 않으면 공사대금채권은 시효의 완성으로 소멸하게 되는 것이다. 석환이 지금 살펴보고 있는 건물의 준공일은 현재로부터 약 30개월 전이었으므로 아직 소멸시효가 완성되지 않았다.

둘째, 건물과 관련된(견련성) 채권인가의 여부를 살펴야 한다. 건물과의 관련이라 함은 건물을 신축했거나 객관적 가치를 증대시킨 공사여야 한다.

석환이 지금 살피고 있는 건물은, 건물 자체를 신축하였으므로 건물과 관련된 채권임이 분명했다.

흔히 임차인이 자신의 특정한 영업을 위해 인테리어 공사를 하고 유치권을 행사하는 경우가 있으나 이는 건물의 객관적 가치를 높인 공사가 아니라서 유치권 행사를 할 수 없는 것이다.

객관적 가치를 증대시킨 공사란 누구라도 필요로 하는 공사를 말한다. 이를테면 방수공사, 배관공사, 전기보수공사 등등을 말한다. 그러나 특정영업을 위한 공사는 영업의 종목이 바뀌면 무용지물이 된다.

예컨대 당구장을 하던 점포는 식당으로 임대가 될 경우 당구장을 위한 인테리어 공사는 식당 운영을 할 수 있도록 바꾸어야 하므로 철거를 해야 한다. 따라서 당구장을 위한 인테리어 공사는 누구에게나 필요한 공사라고 할 수 없는 것이다.

셋째, 건물을 점유(건물을 차지하고 있는 것)하고 있는가를 살펴야 한다. 공사대금을 청구할 수 있는 채권을 가지고 있다 해도 유치권이 성립하지 않으면 낙찰자에게 대항할 수 없다. 유치권이 성립하려면 공사대금 채권을 가지고 있는 상태에서 건물을 정당하게 점유하고 있어야 한다.

시계수리공이 시계수리비를 받기 위해 시계를 가지고 있는 것과 마찬가지 이치다.

석환이 지금 살피고 있는 건물의 벽면에는 현수막이 붙어 있었는데 흰색 바탕에 빨간 글씨로 '적절한 보상 없이 명도는 절대 없다.' '죽을 순 있어도 나갈 순 없다.' 라고 쓰인 문구가 눈에 띄었다. 사람들도 여럿 있었다.

점유를 하고 있는 것이 분명했다.

점유의 방법에는 세 가지가 있다.

먼저 공사를 한 공사업자가 직접 점유하는 직접점유가 있다. 그리고 공사업자가 직접점유를 한 상태에서 건물주의 동의를 받아 제3자에게 건물을 임대할 경우 제3자는 임차인이 되어 건물을 점유하게 되는데, 이때 임차인을 공사업자를 위한 '간접점유자' 라고 한다.

이것이 곧 간접점유다. 유치권자에 의한 임대는 반드시 건물주의 동의를 받아야 한다. 만약 건물주의 동의 없이 건물을 임대할 경우 유치권 소멸사유가 된다. 마지막으로 보조점유가 있다. 유치권자가 사람을 고용하거나 자신의 직원 등을 동원해 점유를 하게 하는 경우를 말한다.

이상 세 가지는 모두 유효한 점유다.

"형님, 형님이 말씀하신 대로 체크를 했는데 유치권행사에 어떤 문제점을 발견할 수 없었어요. 일단 사무실로 가서 자세하게 말씀 드릴 게요."

"그래, 수고했어."

석환이 사무실에 도착한 시간은 저녁 6시가 조금 넘어서였다. 동진이 퇴근을 미루고 석환을 기다리고 있었다.

"어찌되는 거죠?"

석환은 자신이 보고 느낀 사항을 꼼꼼하게 설명했다.

"입찰가가 더 떨어지길 기다리거나 아예 포기를 해야겠어."

석환의 말을 들어보니 유치권이 완벽하게 성립하는 물건이었다. 그렇다면 서두를 필요가 없다고 동진은 생각했다. 유치권이 신고된 경매물건은 유치권의 성립여부를 떠나 은행에서 융자도 해주지 않을뿐더러 명도 받기가 용이하지 않다.

보고를 끝낸 석환은 고시텔로 돌아왔다.

간단한 세면을 마치고 방으로 돌아왔을 때 문득 석환의 휴대폰 벨이 울렸다.

"오석환입니다."

"팽성 송화리, 오늘 입찰일인데 결과를 알아봤어?"

전화를 건 사람은 정성만이었다.

"아, 오늘이었던가요?"

정성만과 같이 동행해서 알아본 송화리 토지의 입찰일이 바로 오늘이었다. 3번 유찰이 되고 4번째 입찰일이었던 것이다. 까맣게 잊고 있던 석환은 정성만에게 송구한 마음이 들었다. 확인해보고 전화를 드리겠다며 서둘러 전화를 끊고 컴퓨터를 부팅했다. 4명이 입찰에 참여를 했고 이봉진이라는 사람이 5억 6,000만원으로 최고가 매수신고인이 되었다.

석환은 다시 정성만에게 전화를 했다.

"오늘 낙찰됐어요."

석환은 입찰내용을 자세히 설명했다.

"알았네. 앞으론 신경을 쓰게."

전화를 끊고 난 석환은 좀처럼 이해를 할 수 없었다. 토지는 타인에게 낙찰되었다. 정성만이 낙찰받은 것도 아니다. 이제 그곳에 내려가서 사들인 건물에서 고물상을 운영할 것은 아닐 것이고… 그렇다면 정성만은 왜 김 노인에게 5,000만원이라는 돈을 선뜻 희사한 것일까? 정말 사정이 딱한 노인을 도와주겠다는 의협심의 발로였

단 말인가?

석환은 문득 동진에게 전화를 걸었다.

"형님, 송화리 사건 별 일 없이 끝났어요."

"어떻게?"

"낙찰됐어요."

"그렇다면 끝난 게 아냐. 지금부터 시작이야."

"네? 지금부터 시작이라고요?"

어리둥절한 석환에게 동진은 자신이 추리한 생각을 들려주었다.

"현재 낙찰받은 사람은 농지취득자격증명원을 발급받지 못할 거야. 그렇게 되면 낙찰불허가에 보증금은 몰수되고 경매물건은 재입찰에 부쳐지겠지. 몇 차례 그런 결과가 반복되면 농지취득자격증명원이 발급되지 않는다는 학습효과가 생겨나 더 이상 사람들은 입찰에 참여하지 못하게 될 거야. 단, 그 건물의 처분권을 가진 사람만이 건물 철거를 조건으로 농지취득자격증명원을 발급받을 수 있다네. 그렇다면 결론적으로, 건물처분권을 양수한 정성만 어른 외에는 어떤 사람도 그 토지를 낙찰받을 수 없게 되는 것이지. 정성만 어른은 몇 차례 더 유찰시켜 입찰가가 바닥으로 떨어질 때까지 기다린 후 그때 가서 여유 있게 낙찰받을 생각이신 게 분명해."

석환은 그제야 팽성읍사무소에서 있었던 일들이 주마등처럼 스쳐지나갔다. 비로소 일의 윤곽이 어렴풋이 정리가 되었다.

"하, 기가 막히네요."

동진의 추리력도 놀랍고 정성만의 일처리 수순은 더욱 놀라웠다.

"정성만 어른의 수순이 정확한 거야. 바둑에서만 수순이 있는 게 아냐. 이번에 낙찰받은 이봉진은 수순이 잘못된 거지. 토지를 먼저 낙찰받을 게 아니고 먼저 법정지상권을 해결했어야 했어. 낙찰받아놓고 농지취득자격증명원이 발급되지 않는다는 사실을 알면 가슴이 철렁할 거야. 결국 토지주인 김흥태 노인을 찾겠지만 이미 처분권은 정성만 어른에게 넘어갔으므로 그 어른의 처분만 기다려야지."

결국 정성만의 건물 철거 동의가 없으면 낙찰불허가는 물론 이봉진의 보증금은 몰수되고 만다.

"그렇다면 정성만 어른은 토지주인 김흥태 노인이 경매분야에 무지하다는 걸 이용해서 치부를 하려 한 거네요?"

석환은 영 마음이 개운치 않았다.

정성만이 한갓 장사치에 불과하다는 사실을 안 석환은 그 어른에 대한 존경심이 흔들렸다.

"너무 성급하게 판단하는 건 자제해야 해. 어떤 분야든 최고가 됨에 있어 인격 도야가 없이 이루어지긴 힘들어. 그분은 그렇게 경박한 어른이 아냐. 속뜻이 있으실 걸세."

훗날 그 물건은 동진의 예측대로 두 번 더 유찰이 된 다음 정성만이 낙찰을 받았다. 감정가와 낙찰가의 차익에 상당하는 돈을 김흥태 노인에게 드리고 그곳에 다세대를 신축하여 성공리에 분양을 끝내 많은 수익을 냈다. 그중 한 세대를 김흥태 노인에게 원가로 분양했다.

석환은 마음속으로 정성만에게 '사부님 죄송합니다. 죽을죄를 졌습니다. 정성만 사부님 만세!' 라고 수없이 외쳐댔다.

정성만은 기회가 있을 때마다 석환에게 다음과 같이 일러주었다.

'사고의 폭을 넓히게. 발상의 전환이야말로 창조의 시작일세. 경매는 모방이 아니라 창조의 결과물을 가질 때 수익을 낼 수 있는 게임이네.'

투자자가 꼭 알아야 할
경매용어

유치권의 성립조건

민법상 유치권이 성립하기 위해서는 4가지 요건을 모두 충족시켜야 한다.
① 유치권자가 주장하는 채권이 해당 목적물과 관련해 생긴 것이어야 한다.
② 유치권자는 자신이 유치권을 주장하는 부동산을 계속 점유하고 있어야 한다.
③ 유치권자가 주장하는 채권이 변제기에 도래해야 한다.
④ 채무자와 유치권자 사이에 유치권 발생을 배제하는 특약이 없어야 한다.

만약 임차인이 임차주택에 대해서 지출한 필요비 등이 있었다면 이는 임차주택에 관하여 생긴 채권이므로 유치권이 성립한다. 혹은 주택건물의 신축공사를 한 건축업자가 공사대금에 관한 채권이 있다면 이런 경우에도 유치권이 성립하게 된다.
유치권이 성립하려면 그 물건을 점유하고 있어야 하는데, 점유를 상실하면 유치권도 소멸한다. 이때 점유는 유치권자 자신이 직접점유해도 되고, 고용원 등을 통해 간접점유를 하더라도 상관없다. 다만, 점유가 불법행위로 인해 취득한 것이어서는 안 된다.

점유의 방법

- **직접점유** : 먼저 공사를 한 공사업자가 직접 점유하는 것을 말한다.

- **간접점유** : 공사업자가 직접점유를 한 상태에서 건물주의 동의를 받아 제3자에게 건물을 임대할 경우 제3자는 임차인이 되어 건물을 점유하게 되는데, 이때 임차인을 공사업자를 위한 '간접점유자'라고 한다. 유치권자에 의한 임대는 반드시 건물주의 동의를 받아야 한다. 만약 건물주의 동의 없이 건물을 임대할 경우 유치권 소멸 사유가 된다.

- **보조점유** : 유치권자가 사람을 고용하거나 자신의 직원 등을 동원해 점유를 하게 하는 경우를 말한다.

법정지상권

법정지상권은 토지 소유자나 건물 소유자 모두에게 아주 중요한 의미를 갖는다. 우선 건물 소유자에게는 자신의 건물이 철거되지 않도록 지켜주는 방패가 되며 또 남의 땅을 자유롭게 이용할 수 있는 권리를 갖게 해주는 고마운 존재다. 반면 토지 소유자 입장에서는 아주 껄끄러운 존재다. 내 땅을 내 마음대로 사용할 수도 없으며, 내 땅 위에 남의 건물이 세워져 있지만 철거하라고 말할 수도 없기 때문이다.

법정지상권은 다음 4가지 경우에 성립한다.

① 토지와 건물의 소유자가 동일인이었는데 나중에 토지, 건물 중 어느 한쪽에만 저당권이 설정되었고, 이 저당권의 실행으로 경매가 진행됨으로써 낙찰로 인하여 토지와 건물의 소유자가 달라지는 경우에 성립한다.

② 토지와 건물의 소유자가 동일인인 상황에서, 건물에 대해서만 전세권을 설정한 후 토지 소유자가 변경된 경우에 건물 소유자를 위하여 법정지상권이 성립한다.

③ 토지와 입목의 소유자가 동일인이었는데, 경매 기타의 사유로 토지와 입목이 각각 다른 소유자에게 속하게 되는 경우에 입목 소유자를 위하여 법정지상권이 성립한다.

④ 토지와 건물의 소유자가 동일인인 상황에서, 토지 또는 건물에 가등기담보 등이 설정된 경우에 그 담보권의 실행에 의해 토지와 건물의 소유자가 달라진다면 건물 소유자를 위한 법정지상권이 성립한다.

법정지상권이 성립되는 경우에 토지 소유자가 '지상권 설정자'가 되고, 건물 소유자가 '지상권자'가 된다. 또한 법정지상권은 법률의 규정에 의해 당연히 성립하는 것이기 때문에 등기를 필요로 하지 않는다. 즉 법정지상권은 등기부에 표시되지 않는다는 의미다.

조선안의
실전경매 이야기

경매의 99%는 수순이다

● 9장

석환은 눈코 뜰 새 없이 바쁜 날들을 보냈다. 수많은 경매사례들을 분석하고 연구하고, 틈나는 대로 현장을 답사해 가며 몸으로 배우고 익혔다.

그러던 어느 날, 사무실에서 퇴근을 준비하던 석환은 정성만으로부터 전화를 받았다.

"어찌된 제자가 사부가 살았는지 죽었는지, 입에 풀칠은 하는지 어떤지 걱정도 안 되나?"

쩌렁쩌렁한 목소리에 호통은 여전했다. 석환은 바쁘다는 핑계로 안부전화 한번 올리지 못했다는 사실을 깨닫고는 송구한 마음이 들었다.

"죄송합니다. 못난 제자, 늦게나마 전화로 안부인사 여쭙습니다. 그간 평안하셨는지요?"

"일 없네, 엎드려 절 받기군. 담부터 잘할 걸로 믿고 용서하기로 하고, 당장 나오게나."

정성만은 이미 부천시 상동에 위치한 소풍터미널에 나와 있었다. 동진과 동행을 하자고 했으나 동진은 석환이 다녀왔던 강화 선행리 경매사건의 의뢰인과 이미 선약이 있어 동행을 못했다.

"문 사무장님은 안 오시고?"

정성만은 동진이 함께 나올 것으로 예상했던 모양이었다. 그리고 미리 장소를 정했는지 소풍터미널 뒤편에 있는 '낙지마을' 이라는 주점으로 석환을 데리고 갔다.

"강화 선행리 경매사건이 있었는데 의뢰인과 선약이 있어 못 온다고 제게 인사를 대신 전해드리라고 했습니다."

"선행리 경매사건이 규모가 큰가 보지?"

"예, 유치권이 신고된 경매물건인데 조사결과 유치권이 확실하게 성립해서 포기하라고 의뢰인에게 권유할 모양입니다."

석환은 자신이 조사한 내용을 정성만에게 상세하게 설명했다.

"그걸 포기한다고?"

"유치권이 분명하게 성립하고 있는데 어쩔 도리가 없지 않겠습니까?"

"숫제 유치권을 사버리면 어떻겠나?"

"유치권을 사다니요? 어떻게 삽니까?"

"조선 천지에 돈 가지고 못 살 게 어디 있나?"

"유치권을 살 수 있다고 해도 40억원을 다주고 사면 무슨 소용이 있겠습니까?"

"다 주고 사면 장사꾼이 아니지. 싸게 사야지."

유치권은 물권이다. 따라서 직접적인 매매는 할 수 없다. 하지만 '피담보채권(공사대금)'을 양도받고 점유를 이전받으면 가능하다. 선행리 경매사건의 유치권자들은 경매로 나온 건물의 신축공사를 담당한 업자들로서 40억원 상당의 공사대금을 받지 못하자 건물을 점유하고 유치권을 행사하고 있었다. 유치권을 행사하고 있는 공사업자들은 원래 경매에 관해서는 무지한 사람들이 많다. 아니, 대부분이 그렇다. 따라서 현실적으로 유치권을 행사하면 공사대금을 받을 수 있다고 하지만 그러한 법리를 잘 모르기 때문에 유치권 행사 중에도 마음은 끊임없이 불안하다. 그리고 점유를 계속한다는 것이 여간 힘든 게 아니다. 일단 공사를 해주고 공사비를 받지 못한 경우, 그 공사업자는 이미 빚쟁이다. 공사를 하기 위해 자재와 인부를 동원해 일을 시켰으나 공사대금을 받지 못했기 때문에 자재비나 인건비를 지급하지 못하여 이들도 독촉에 시달리기는 마찬가지다. 더구나 목구멍이 포도청이라고 점유를 한답시고 그곳에만 매달려 있을 수도 없다. 일을 해야 생계를 유지한다. 더구나 이러한 상황이 2년 이상 장기화되면 지칠 대로 지친다. 그런 상황에서는 공사대금의 50% 이하로도 유치권을 인수할 수 있다. 40억원 상당의 공사대금채권을 20억원만 주고 양수받는다 해도 양수인은 낙찰자에게 40억원을 모두 주장할 수 있다. 양수 방법은 우선 유치권자들과 협상을 통하여 양수금액을 결정한다. 양수금액이 결정되면 실제 공사대금 채권이 분명한가를 파악한다. 공사대금채권이 분명하면 채권 양도·양수계약을 체결하고 건축주에게 채권양도통지를 한다. 채권양도통지는 반드시 우체국을 이용해 내용증명으로 해야 한다(이 부분을 모르면 가까운 법무사 혹은 변호사사무실에 의뢰하면 5만원이면 대행해준다).

채권양도가 마무리되면 반드시 점유를 인수받아 해야 한다. 점유를 하지 않으면 유치권을 주장할 수 없다. 이를 반드시 유의해야한다.

석환은 나중에 동진에게 정성만으로부터 전해들은 이야기를 했다. 동진은 좋은 생각이라며 유치권자들을 접촉하여 합의를 유도해내고 공사대금채권과 유치권을 양도받아 경매물건을 저렴하게 구입할 수 있었다.

"한 잔 받으시죠."
"자네, 낙지에 대해서 좀 아나?"
"소주 안주론 최고죠."
"낙지는 저칼로리 스테미너 식품으로 콜레스테롤을 억제하고 빈

혈 예방에 좋네. 더위 먹어 쓰러진 소도 낙지 서너 마리를 먹이면 거뜬히 일어날 만큼 정력에도 좋지."

"사부님은 참 아는 것도 많으세요."

"그건 그렇고 자넨 이제부터 본격적으로 경매수업을 받아야겠네. 사무실과 대리운전 일 그만두고 나하고 일체가 되어 시작해보세."

"거두어주시면 열심히 하겠습니다."

대답은 했지만 석환은 정성마이 이토록 정성스럽게 자신을 대해주는지 의아스러웠다. 그러나 묻지는 않았다.

"자네, 내가 지금 3,000만원을 준다면 어느 물건에 투자하려나?"

"3,000만원을 갖고 투자할 데가 있나요?"

"물론이지. 자네는 얼마를 가져야 경매를 할 수 있다고 생각하나?"

"많을수록 좋지만 최소한 5,000만원 이상은 있어야 되지 않을까요?"

"주방장에게 칼을 주면 멋진 요리가 나오지만 아이에게 칼을 쥐어주면 손이나 베이게 되는 거야. 초보자에게 목돈은 위험한 칼과 같다네. 어느 정도 경험이 축적된 고수라야 다다익선이 되는 거야."

"3,000만원 가지고도 할 수 있는 게 있나요?"

"우선 도로를 생각해볼 수가 있지. 경매물건을 검색하다 보면 지목이 '도로' 이면서 면적이 작은 것들이 나와 있는 것을 볼 수 있어.

처음 감정가는 1억원선이지만 몇 차례 유찰이 되면 3,000만원 이하로 가격이 떨어지는 것을 종종 보게 되는데, 이런 것이 잘만 낙찰받으면 수익률이 만만치 않아."

"한 번 도로는 영원한 도로라는 말이 있잖습니까? 도로는 집을 짓거나 다른 용도로는 절대로 사용할 수 없는데 돈이 된다니 이해가 안 갑니다."

"한 번 도로는 영원한 도로다… 맞는 얘기지. 하지만 도로가 사유지라면 상황이 달라진다네. 개인의 사유지를 공로인 도로로 사용하고 있으면 그 도로의 소유자는 도로의 관리청을 상대로 매수청구를 할 수 있어. 다시 말해 내 땅을 내 마음대로 사용하지 못하고 도로로 사용하고 있으니 내 땅을 사가라고 요구할 수 있어. 매수가는 감정가에 준해서 정해지니까 1억원짜리를 3,000만원선에 사서 다시 1억원대에 되파는 거야. 단, 도로 매매대금을 받기까지는 매수청구일로부터 통상적으로 한 3년 정도 시간이 걸려."

"그런 게 있었네요. 또 없나요?"

정성만의 빈 술잔에 술을 따르며 석환은 다음 설명을 재촉했다.

"자투리 땅을 가지고 돈 번 사례도 있다네."

"자투리요?"

"예전에 대지 27평짜리 물건이 5,400만원에 경매에 부쳐졌는데, 아무도 거들떠보지 않아서 1,200만원선까지 가격이 떨어진 적 있었다네. 정동구 어르신께서 그걸 단독으로 낙찰받으시고는 아주 흡

족해 하시는 거야. 그 대지는 폭이 6미터가 조금 안 되는데다가 모양도 굴곡이 있어 전혀 건물을 지을 수 없고 또한 주변에 흡수되어서 사용될 수 있는 땅도 아니어서 가격이 그만큼 떨어졌던 게야. 그야말로 쓸모없는 자투리 땅이었지."

"그런데 왜 사셨을까요?"

"도로변에 붙은 금싸라기 땅에 점포를 들이는 대신 주차장으로 이용되는 건물을 본 적이 있을 거야. 그 이유는 건물을 지을 때는 반드시 건물 규모와 비례해서 주차장을 만들어야 하는데, 토지의 면적이 넓어서 지하주차장을 조성할 수 있으면 다행이지만 대지의 모양이 안 좋거나 면적이 일정 규모 미만이면 주차장 출입구 때문에 지하주차장을 만들기가 용이하지 않아. 그러다 보니 금싸라기 같은 1층에 주차장을 넣을 수밖에 없는 경우가 있는데, 그렇게 되면 건물 미관도 좋지 않을뿐더러 1층에 점포를 들이는 것보다 경제적으로도 손실이 매우 크다고 할 수 있어. 정동구 어르신께서는 마침 경매에 부쳐진 토지가 있는 곳에서 약 200미터 정도 떨어진 곳의 도로변에 붙은 토지상에 근린주택을 신축하는 것을 보고 경매에 부쳐진 토지를 낙찰받은 후 건축주를 만나 상황을 설명했더니 반색을 하면서 매입하겠다고 해서 5,000만원에 매매가 이루어졌어. 건물주로서는 비싼 땅에다가 주차장을 만드는 대신 점포를 만들고 의무적 시설인 주차장은 정동구 어르신께 구입한 토지에 만들어서 건물 사용승인을 무사히 받았지. 그 결과 정동구 어르신은 많은 차익을 올릴 수 있었어."

"건물을 짓는 토지 밖에 주차장을 조성해도 아무런 문제가 없는 건가요?"

"일정 거리 내에서 옥외주차장은 허용이 돼."

"그야말로 경매지존만이 생각해낼 수 있는 기발한 아이디어네요."

"낙지 머리는 너무 익히지 말고 먹물이 응고되기 전에 먹도록 하되 혀를 데지 않도록 조심하게."

"입안이 시커멓게 될 텐데요."

"이 사람아, 소주로 헹구면 되잖아. 먹물이 멜라닌 색소로 구성되어 있는데 이게 항암작용에 뛰어난 효과가 있다는 건 널리 알려진 사실이야. 맘껏 먹어."

"사부님의 해박한 지식은 그저 놀라울 따름입니다."

"나이 먹으면 당연히 건강식을 찾게 마련이야. 그건 그렇고 '지분경매' 라고 아나?"

"정확히는 모르겠습니다."

"예를 들어 하나의 부동산에 소유자가 한 명일 경우 단독 소유라고 하고 두 명 이상 되는 경우를 공동 소유 또는 그냥 공유라고 하기도 하는데, 공동 소유일 경우에는 각자 소유지분이 있겠지?"

"예."

공유자가 두 명이면 각자 1/2 지분을 가지고 있을 수 있고 세 명이면 각자 1/3의 지분을 가지고 있다고 할 수 있다. 물론 정하기 나름이겠지만 말이다.

"지분경매란 공유자들 중 한 사람의 지분이 경매에 나온 경우를 말하는 거야. 가령 갑돌이가 가지고 있던 다세대 주택을 을돌이와 병돌이라는 형제가 상속을 받았다면 각 형제는 1/2의 지분을 가지고 있다고 할 수 있는데 그중 을돌이 혹은 병돌이의 지분이 경매에 나온 것이라고 생각하면 돼."

"사부님, 병돌이의 지분이 경매에 나와서 병돌이의 지분을 낙찰받는다 해도 이미 그 집에는 을돌이가 살고 있다면 낙찰자는 그 집에 들어가 살 수가 없지 않겠습니까?"

"물론 그렇지. 그래서 그런 지분경매는 온전한 경매물건보다 가격이 떨어질 수밖에 없어. 시세가 2억원에 달하는 다세대 주택이 경매에 나온 적이 있는데 감정가는 1억원이었어. 그 이유는 1/2의 지분만 경매로 나왔기 때문이지. 낙찰가는 3,200만원이었는데, 이처럼 가격이 떨어진 이유는 자네가 말한 것처럼 낙찰을 받는다 해도 들어가 살 수 없기 때문이야."

"그런 물건을 낙찰받을 이유가 없지 않겠습니까?"

"그러나 그런 물건을 낙찰받는 이유가 두 가지 있지. 하나는 낙찰자는 살고 있는 을돌이에게 자신의 지분에 해당하는 사용료를 청구할 수 있고, 또 하나는 공유물 분할청구 소송을 통해 판결을 받으면 그 판결문을 가지고 다세대 전체를 경매에 부칠 수가 있지."

주택을 점유해 살고 있는 을돌이는 낙찰자의 지분까지 배타적으로 사용하고 있기 때문에 낙찰자가 가지는 1/2 지분에 대해 사용료를 지불해야 한다. 이때 사용료는 낙찰가를 기준으로 산출하는 것이 아니고 감정가에 준해서 산출된 사용료를 지불해야 한다. 즉 사용료 산출은 감정가 1억원을 기준으로 연 6% 상당의 임료를 기준으로 하기 때문에 3,200만원을 투자하면 연 600만원의 사용료를 받아낼 수 있다. 그리고 이에 만족을 할 수 없다면 주택을 팔아서 돈으로 나눠가질 수도 있다. 돈으로 나눠가지는 것을 '공유물 현금분할' 이라고 하는데 협의가 안 될 경우, 법원에 소송을 청구하면 현금매도를 통해 나눌 것을 명한 판결이 나온다. 이 판결문을 첨부해 경매신청을 하여 낙찰된 금액을 나눠가지면 된다. 복잡한 이유 때문에 지분경매는 3,200만원에 낙찰이 되었지만 주택 전체를 경매에 부칠 경우 통상적으로 80%대에 낙찰되므로 1억 6,000만원대에 낙찰이 된다. 그러면 낙찰자는 약 8,000만원을 교부받게 되는데 그렇다면 3,200만원에 받은 물건이므로 4,000만원을 웃도는 이득을 볼 수 있게 된다.

"사부님, 제가 얼핏 '공유자 우선매수신청' 이란 제도가 있다는 걸 들은 적이 있습니다만…"

"공유자인 을돌이는 병돌이의 지분에 대해 우선적으로 낙찰받을 권리가 있지만 돈이 없으면 우선매수신청을 못하는 경우도 많아."

"사부님 말씀을 듣고 보니 돈의 양이 문제가 아니네요. 그런데 이런 훌륭한 노하우를 미천한 저에게 전수해 주시는 이유가 뭔지 궁금합니다. 제가 사부님께 귀여움을 받을 만한 행동을 한 적도 없는데 너무 송구스럽습니다."

"사실 우리 형님의 부탁이 있기도 했지만 자넨 만나볼수록 정이 가는 스타일이야, 허허."

"에고, 그렇게 말씀해 주시니 정말 몸둘 바를 모르겠습니다."

"경매 얘기나 하지. 내가 전에 어떤 젊은 사람 부탁으로 경남 통영에 소재한 추도라는 섬에 있는 작은 주택을 구입한 적이 있었어. 대지 103평에 건평이 28평 정도 되는데 놀랍게도 가격이 800만원이었어. 전기 들어오고 물 나오고 괜찮더군. 약간의 수리를 하니 아주 쓸 만했어. 그런데 사기는 샀지만 어떤 용도로 쓸 것인가를 먼저 고려하고 산 것이 아니기 때문에 수리만 해놓고 방치를 해놨었지. 내가 사용하기에는 좀 거리가 멀었고. 그런데 내게 집을 판 그 젊은이가 어느 날 나에게 그 집을 어떻게 사용하고 있느냐고 묻기에 그냥 방치해 놓은 상태라고 했더니 통영 인근에 낚시 사이트를 운영하는 곳에 부탁하여 민박을 한다고 내놓으라는 거야. 그의 말에 따라 민박집으로 내놨는데 찾는 사람이 꽤 많았어. 이유를 알아보니 추도에서도 낚시가 잘되지만 매물도를 비롯해서 그 근처에 유명한 바다낚시터가 산재해 있는 거야. 난 여기에 착안해서 남해 쪽 바다 인근에 경매매물로 나온 주택을 찾아 매수에 나섰어. 싼 것은 300만원부터 1,000만원 미만이 대부분이었는데 조금만 수리하면 깨끗

하게 사용할 수 있는 것들이었지. 이것을 인터넷을 통해 낚시꾼들에게 500만원에서 1,000만원 정도 마진을 붙여 매물로 내놨는데 너무 인기가 있어 나도 놀랜 적이 있다네."

"사부님, 경매로 나온 그런 집들 중에 법정지상권이 문제가 되는 경우는 없었나요?"

"토지만 경매로 나온 경우에는 집이 오래 돼서 대부분 법정지상권이 성립이 됐지. 그리고 대부분 노인 부부들이 살고 계셨어. 그래서 그 문제는 방을 더 만들어 민박으로 이용하면서 노인 부부가 손님들에게 식사를 제공하고 밥값을 받을 수 있도록 해드리고 나는 숙박료만 챙겼지. 그렇게 했더니 별 무리 없이 운영할 수 있었어."

"저는 권리분석만 잘하면 되는 줄 알았는데, 그게 아니네요."

"권리분석 잘하는 변호사가 경매물건 낙찰 받았다가 혼쫄난 이야기도 들어보려나?"

"그 변호사한테는 미안한 일이지만 재미있겠는데요."

"인천시 남동구 운연동에 소재한 잡종지 180평이 평당 100만원씩 1억 8,000만원에 경매매물로 나온 적 있었다네. 그 지상에는 천막이 쳐져 있었고, 그 천막에서 천막주인이 공장을 하고 있었어. 감정가는 1억 8,000만원이었지만 시세는 2억원이 조금 넘었다네. 시세보다 저평가된 거지. 법정지상권이 명백하게 성립하는 물건이라 그런지 1억 2,000만원까지 가격이 떨어져도 누구 하나 입찰에 참여하려는 사람이 없었어. 그런데 갑돌이라는 변호사가 권리분석을 한 결과, 법정지상권은 성립하지만 천막이 무허가이기 때문에 구청에 철거청구를 하면 쉽게 토지를 인도받을 수 있을 거라고 생각하고 1억 3,000만원에 낙찰을 받았어. 그리고 남동구청에 무허가 건물철거 신청을 했지. 구청에서는 자진철거를 하라고 계고장을 보냈지만 천막주인은 철거를 하지 않았다네. 구청은 강제이행금(자진철거를 하지 않을 경우 부과되는 일종의 벌금)을 부과했지. 천막주인은 이를 무시했어. 천막주인은 토지가 경매가 될 때 다른 재산도 모두 경매가 되는 바람에 가진 재산이 없었어. 강제이행금을 납부하지 않으면 천막주인의 다른 재산에 압류를 하여 공매에 처하게 되어 있으나 달리 재산이 없으니 그런 방법은 통할 리가 없었지. 갑돌이 변호사는 구청에 가서 천막 철거를 하지 않는 것은 직무유기가 아니냐며 항의를 했어. 그러나 구청은 천막이 공로를 가로막아 통행에 지장을 주는 공해물이 아니라는 이유로 강제철거를 거부했어. 화가 난 갑돌이 변호사는 그렇다면 건축법에 의거해 한국전력에 단전 조치를 하도록 협조공문을 띄워달라고 했어. 물론 구청에서는 한전에 협조공문을 보냈지. 그러나 한전은 전기료를 잘 내고 있으므로 단전을 할 수 없다는 거였어. 갑돌이 변호사는 천막이 법정지상권의 산물이라서 소송으로도 이길 수 없다는 것을 알고 결국 손들고 말았지. 지료야 받겠지만 그게 얼마나 되겠어. 법 규정대로 하면 당연히 철거가 되어야 하고 단전도 되어야 하지만 현실은 그렇지 않은 경우가 많아. 경험이 없는 지식은, 때로는 낙찰자를 어려운 지경에

빠뜨릴 수도 있다는 걸 명심하게나."

"그럼 이 사건은 어떻게 접근하는 것이 바람직했나요?"

"당연히 천막주인과 먼저 협상을 하고, 협상이 이루어지면 그 다음에 입찰에 참여를 했어야 했지, 낮은 가격으로."

"수순이 진짜 중요하다는 걸 이 사건에서도 깨닫게 되네요."

석환은 정성만의 해박한 경매 실전사례에 혀를 내두르며 감탄을 금치 못했다.

"오늘은 이쯤하지. 제자에 대한 사부의 애정으로 행한 첫 번째 수업이었네. 내일이 토요일이지? 아침 일찍 가볼 곳이 있으니까 부천법원 정문으로 새벽 5시까지 나오게. 늦으면 차가 밀려서 다니기가 아주 불편하다네."

"알겠습니다. 오늘 정말 유익한 시간 내주셔서 고맙습니다. 내일 늦지 않게 나오겠습니다."

밖으로 나오니 아직도 비가 추적추적 내리고 있었다. 정성만을 배웅하고 고시텔로 돌아오는데, 윤정으로부터 전화가 걸려왔다.

"오늘 정성만 어른과 함께 계셨죠? 어른께서 석환씨를 무척이나 아끼시는 것 같아요."

"하, 알고 계셨군요. 오늘 정말 배운 게 많았습니다. 학원 강의로 기초를 다질 때 배웠던 것과는 차원이 틀린 것들이었어요. 정말 실전 경매에 관해 천금을 주고도 살 수 없는 노하우를 들을 수 있었어요. 어르신은 법률을 해박하게 응용하고 계셨어요. 예를 들면 통상적으로 법정지상권이 성립하는 물건은 피하라, 또는 유치권이 성립하면 유치권을 변상해주어야 하는 만큼 가격을 떨어뜨려서 사야 한다 등등의 교과서적 지식에서 탈피해 전혀 새로운 시각으로 접근하시더군요."

"호호, 석환씨가 매사에 열심히 하고 성실하니까 주변에서 도와주는 사람들이 생기는 것 같아요. 내일 정성만 어른과 현장에 가신다지요? 저도 함께 가기로 어르신과 통화했습니다. 그럼 내일 뵐게요."

"아, 그러셨군요. 알겠습니다. 내일 뵙죠."

이튿날 새벽 석환은 서둘러 부천법원으로 향했다. 새벽 5시가 채 안 되었는데도 정성만과 윤정이 이미 나와 석환을 기다리고 있었다. 세 사람은 반갑게 인사를 나눈 후 정성만의 차에 올랐다. 운전은 석환이 맡았다. 아직 옅은 어둠이 도시 전체를 장악하고 있었다.

"방향을 어디로 잡을까요?"

"일단은 충남 태안으로 잡아."

정성만이 방향을 제시하자 석환은 차를 빼 중동대로로 올라섰다. 가로등 불빛에 드러난 텅 빈 도로는 태안을 향해 길게 누워 있는 것 같았다.

"사부님, 경매에서 가장 힘든 부분이 무엇인가요?"

"힘든 부분이라… 모든 부분이 다 힘들겠지만 뭐니 뭐니 해도 낙찰받은 부동산을 인도받는 부분이 가장 어려울 거란 생각이야."

낙찰받은 부동산에 대한 잔금을 납부했다고 해서 무조건 입주를 할 수는 없다. 낙찰받은 부동산에 어떠한 이유로든 점유하고 있는 거주자가 있으면 무단으로 출입을 해서는 안 되고 거주자와 협의를 보든 아니면 인도명령이든 명도소송이든, 절차를 거쳐서 내보내야 한다. 소유자 혹은 임차인으로 권리신고를 하여 이해관계인으로 경매기록에 등재가 되어 있는 경우에는 내보내는 절차에 어려움은 없다.

처음에 잔금을 납부하고 인도명령신청을 할 때는 경매기록(물건명세서)상에 나타난 소유자 혹은 임차인을 상대로 하게 된다. 인도명령신청을 법원이 인용하여 결정문이 나오면 송달증명확인(법원 담당직원이 인도명령 결정문상에 송달날짜를 기입하고 도장을 날인해줌)을 받아 집행관사무실에 인도 집행을 의뢰하게 되는데, 인도 집행이란 점유하고 있는 사람들을 강제로 끌어내는 것이다. 일정한 비용을 납부하면 집행관 사무실에서 알아서 다 해준다. 그러나 이해관계인으로 등재가 되어 있지 않은 무단 점유자가 있을 경우와 문이 잠겨 있고 살림은 그대로 있는데 사람이 없을 경우엔 인도 집행이 용이하지 않다.

소유자 혹은 임차인이 점유하고 있을 것으로 생각해 인도명령신청을 하여 결정문을 받아 집행관에 의해 집행에 임했으나 막상 현장에 가보면 소유자 혹은 임차인 또는 그의 가족이 아닌 엉뚱한 사람이 점유하고 있는 경우도 있다.

엉뚱한 사람이 점유하고 있으면 집행관은 집행을 하지 않고 그 사람들을 상대로 인도명령결정문을 새로이 받아 오라고 하면서 집행을 포기하고 그냥 돌아간다. 인도명령신청을 하려면 대상자의 인적사항을 알아야 하지만 낯선 점유자의 인적사항을 알아내기란 본인이 말해주기 전에는 용이하지 않다. 낙찰인으로서는 황당하기 짝이 없는 상황이 벌어지는 것이다.

"그럴 경우 방법이 없나요?"

"있기는 하지만 시간이 소요되는 건 어쩔 수 없다네."

소유자나 임차인이 아닌 제3자가 무단으로 점유하고 있을 경우 낙찰자는 무단 점유자의 인적사항을 알아야 인도명령신청을 할 수 있다. 그럴 경우 우선 낙찰자는 소유자와 임차인(임차인이 신고되어 있을 때)을 상대로 가까운 법무사나 변호사사무실과 상의하여 점유이전금지가처분신청을 하고 결정문이 나오면 집행관사무실에 가처분 집행을 의뢰해서 실시하도록 하면 집행관은 날짜를 정해 현장으로 와서 집행을 하게 되는데, 반드시 동행을 해야 한다. 가처분 집행을 할 때 점유이전금지가처분 결정문에 나타난 피신청인과 점유자가 다르면 집행을 하지 않고 집행불능조서를 작성하게 되는데, 집행불능조서 작성시 무단점유자의 인적사항을 파악할 수 있게 된다. 그러면 파악된 인적사항을 토대로 인도명령을 신청해서 처리할 수 있다.

"흠, 쉽지 않네요."

설명을 듣기는 했으나 석환은 전부 알아들을 수는 없었다. 다만 처리방법은 있을 수 있다는 사실만을 알았다.

"사람이 없을 땐 어떻게 해요?"

이번엔 윤정이 물었다. 윤정은 운전을 하지 않는 관계로 정성만이 하는 설명을 꼼꼼히 받아 적었다.

"살림살이만 있고 사람이 없는 경우엔 집행은 할 수 있지. 하지만 끌어낸 살림살이는 집행처리규정상 낙찰인이 보관하게 되어 있다네. 경매초보자로서는 매우 당황스러울 수밖에 없지. 그런데 이러한 짐만 전문으로 처리하는 업체도 있어. 컨테이너 박스에 끌어낸 짐을 넣고 보관해주는데 컨테이너 하나당 월 30만원 정도 보관료를 지불해야 하지. 만약 거의 쓰레기와 같은 수준의 살림살이를 남겨놓고 갔다면 분명 찾으러 오지도 않겠지. 하지만 낙찰인은 쓰레기 수준의 짐을 보관하기 위해 매월 일정한 보관료를 지불해야 하니 곤혹스러울 수밖에 없는 노릇이지. 이런 경우 처리하는 방법이 있다네. 물건을 치워달라는 내용증명을 2회 물건주인의 최종주소지에다 보내고(인도명령서가 있으면 물건주인의 주민등록초본을 동사무소에서 발급받을 수 있음), 내용증명 사본을 첨부하여 법원에 매각결정 및 공탁허가결정신청을 하여 결정문을 받게 되면 동 결정문을 집행관에게 접수하여 유체동산 강제집행에 의거해 경매처분이 된다네."

"하여간 이렇게 저렇게 빙법은 다 있네요."

경매에 관한 이야기를 나누는 동안 차는 충청권으로 접어들었다.

"충청도만 오면 옛날 과거에 고생했던 일이 떠오르는구나."

정성만은 감회가 새로운 듯 여명이 터오는 차창 밖을 바라보았다.

"땅에 투자를 할 땐, 땅은 땅으로 팔아야 한다는 걸 명심해야 해. 땅을 이용해 뭔가를 해서 부가가치를 높여 팔 생각을 했다가는 자칫 큰코 다치는 수가 있다네."

정성만은 회상에 젖은 얼굴로 혼잣말처럼 나직하게 말했다.

"땅을 땅으로 필지, 뭘로 팔겠어요?"

윤정이 속뜻을 알아듣지 못하고 물었다.

"세상은 다 전문가가 따로 있는 거야. 경매꾼은 경매, 건축가는 건축, 농사꾼은 농사… 이런 식으로 말이지. 그래서 경매꾼이 땅을 사서 그 땅에다 건축을 한다든지 또는 무슨 개발을 한다든지 해서 경매 외에 다른 길로 빠지면 자칫 실패하기 쉽다는 말이야."

"사부님도 그런 경험이 있으셨나요?"

"그러니까 하는 말이야. 자넨 토지에 투자할 때 고려해야 할 사항이 뭐라고 생각해?"

"토지는 아직 생각조차 안 해봤습니다만 어떻게 하는 게 바람직하고 수익을 극대화할 수 있는지요?"

"수익을 극대화한다? 수익을 올릴 수 있는 방법은 여러 가지가 있기 때문에 모범답안은 있겠지만 정답은 없어."

"모범답안이요?"

"땅에 투자해서 수익을 올렸다면 그 방법이 모범이겠지."

"처음 땅에 투자하셨을 때의 경험담을 좀 들려주세요."

"처음 내가 경매에 뛰어들었을 때는 그야말로 왕초보 수준이어서 땅만 있으면 집을 지을 수 있는 줄 알았어. 그 정도로 단순 무식한 수준에서 법원경매를 시작했지, 허허."

"그런 초보시절이 있으셨군요."

윤정이 생각하기에도 신기했던 모양이었다.

정성만은 옛일을 회상하는지 지그시 눈을 감고 있었다. 깊게 패인 주름살만큼이나 많은 사연이 담겨 있는 듯했다.

"난 법원경매만 하면 돈을 벌 수 있다는 말만 듣고 경매에 뛰어들었어. 몇 차례 유찰된 땅만 골라 낙찰을 받아 되팔 생각에 부동산 중개업소에 매물로 등록을 했지만 어찌된 일인지 사겠다는 작자가 나타나지를 않았지. 내가 낙찰받은 물건의 가격이 감정가의 50%에도 미치지 못하는, 저렴하게 구입한 만큼 싸게 내놓았으니 손쉽게 매매가 될 줄 알았는데 그게 아니었어. 하도 이상해서 매물을 내놓은 부동산 중개업소들을 돌며 이유를 알아보니 중개업소에서 하는 말이 가격은 저렴하지만 찾는 사람이 없을 거라는 거야. 그 이유가 뭐냐고 붙잡고 물었지. 그랬더니 건축행위를 할 수 없기 때문에 별로 쓸모가 없는 땅이라고 하면서 '싼게 비지떡'이라더군. '건축이 불가한 땅은 팔리지 않는다'라는 생각이 머리에 각인이 되어 그후로는 건축이 불가한 땅은 쳐다보지도 않았는데, 남들은 건축이 불가하다는 땅을 사서 건축행위를 하는 거야. 그땐 화가 무척 났었지. 똑같은 문제를 놓고 어찌된 세상이 누구는 되고, 누구는 안 된다니 말이야. 그러나 난 얼마 지나지 않아 나의 이러한 생각이 잘못되었다는 걸 깨달았지. 전용허가를 통해서 법이 정해놓은 테두리 안에서 얼마든지 땅을 가지고 집을 지을 수 있는 요술을 부릴 수도 있다는 사실을 깨달았어. 부리는 요술에 따라 땅값은 천차만별로 차이가 났지. 농지나 임야를 저렴하게 낙찰받아 전용허가를 받으면 3~9배까지 가격이 상승했어. 그 마술사는 바로 정동구 어른이셨지."

농지나 임야는 농지법이나 산지관리법에 따라 건축행위를 할 수 없다. 다만 전용허가를 득하여 일정 규모까지는 건축행위를 할 수 있다. 임야를 개간하여 전원주택을 짓는 것이 이에 해당한다.

"그랬군요."

"전용허가를 얻으면 건축행위를 할 수 있다는 사실을 안 것만으로도 난 금방 떼돈을 벌 것 같았어. 급한 성격에 먼저 구입한 땅은 그대로 놔두고 경치가 수려한 관리지역 토지의 구입을 서둘렀어. 전용허가를 받아 전원주택을 짓기 위함이었지. 마침 법원경매 물건들 중 조건에 맞는 땅이 경매 목적물로 나왔어. 배운 대로 용도변경과 형질변경을 통해 건축허가 신청을 하면서 목돈을 만질 수 있다고 생각하니 그렇게 즐거울 수가 없었어."

"그래서 목돈을 만지셨어요?"

석환과 윤정은 결론이 궁금했다.

"막상 건축을 하다 보니 전혀 예상치 못한 일들이 하나 둘씩 나타나기 시작하는데, 어찌나 속상한지 내가 그냥 그 땅에 묻혀버렸으면 싶은 생각이 들 정도였어."

"얼마나 힘드셨기에…"

"요즘 학생들에게 물이 어디서 나오냐고 물으면 '수도꼭지요'라고 대답한다는데, 내가 꼭 그런 식이었지. 수도꼭지만 달면 물이 나오고 전기는 스위치만 올리면 켜지고 전화는 전화기만 있으면 되는 줄 알았는데, 물 쓸려면 지하수 개발해야지, 전기는 전신주 세워야지, 선 끌어와야지… 이건 정말이지 기가 막힌 거야."

"그런 사실을 모르고 시작하셨던 거예요?"

"몰랐지. 그것뿐이 아니라네. 집을 짓는 공사장으로 들어오려면 농로를 사용해야 하는데, 주민들이 농로를 막아버리는 거야. 공사 차량이 다니면서 농로를 파손한다는 이유로. 하여튼 무지하게 애를 먹었어. 애당초 농로 사용 때문에 시비가 있을 때부터 고개를 숙이고 협조를 부탁했다면 그렇게 어렵게 일을 끌고 가지 않아도 될 것을, 내가 법을 들이대며 동네 주민들을 상대로 혈기를 부렸던 것이 화근이었어. 주민들이 경운기를 농로 한복판에 세워두지를 않나, 아니면 가마니를 쌓아놓지를 않나 별 짓을 다하는데 파출소에 신고를 해도 그때뿐이야. 하는 수 없이 고개를 숙이고 빌면서 마을 발전 기금을 기부하겠다고 사정을 해서 겨우 통로를 확보하고 공사를 시작할 수 있었어. 우여곡절 끝에 주택을 짓고 보니 기존에 들어간 비용 말고도 농지전용부담금이며 개별하수처리시설 설치비용 등 예상 외의 비용이 낙찰대금 못지않게 들어갔지."

"그래도 결국 해내셨네요."

"해내야지 어떻게 하겠나. 하여간 공사를 끝내고 보니 집은 그런대로 볼 만한데, 공사비가 장난 아니게 많이 들어간 거야. 너무 비싸서 팔리지는 않을 거고 평생 내가 지니고 살 수 밖에 없겠구나 생각하니 어이가 없어 쓴웃음만 나오고 또 한편으로는 너무 고생해서 짓다보니 애착이 가더군. 이를테면 속 썩이고 태어난 자식에게 애착이 가듯이 말일세."

"지금은 어떻게 됐습니까?"

"지금 거길 가는 거야. 가서 이 이야기를 해주려고 했는데 벌써 다 했네. 아무튼 그 집은 지금도 갖고 있어. 내가 힘들고 어려울 때면 가끔 가서 쉬다오기도 하고 또 힘을 받아 오기도 하지."

"그래서 땅은 땅으로 팔라는 말씀을 하신 거군요?"

윤정이 이제야 알았다는 듯 빙긋 웃었다.

"무모하게 덤벼들었다가 결과는 아까 말했듯이 처절한 실패로 끝나고 말았어. 그러나 그 실패를 경험하고 나니 혜안이 밝아지면서 뿌리 깊은 진짜 자신감이 우러나오더군. 이후 땅을 보면 전에 보이지 않던 면이 보이고, 생각지 못했던 부분도 머릿속에 그려지는 거야. 땅만 척 보아도 전용허가를 얻을 수 있는지 혹은 건축비는 얼마나 소요될지 등등 말이지."

이윽고 목적지 입구에 다다랐다. 마을 입구에 서산시 대산면 영탑리라는 푯말이 보였다. 영탑리를 좌측으로 돌아 들어가니 곧바로 넓고 깊은 바다가 산 아래로 펼쳐져 있었다. 경사가 완만한 산허리를 끼고 차로 3분 정도 직진을 하니 고풍스런 전원주택촌이 보였다. 바다가 한눈에 들어오는 곳에 위치하고 있어 전망이 매우 훌륭했다.

"여기가 바로 내 애환이 깃든 곳이네."

차에서 내린 후 입구 가장 좌측에 있는 주택을 정성만이 손끝으로 가리켰다. 한눈에 봐도 잘 지어진 주택임을 알 수 있었다. 정성만의 전원주택 우측으로는 양식이 다른 전원주택들이 띄엄띄엄 자리를 잡고 있었다. 각각 주인의 취향에 따라 지어진 것 같았다. 주택단지를 감싸고 있는 뒷산은 키 큰 해송이 병풍처럼 둘러쳐져 있었다.

"너무 아름답고 예뻐요."

윤정이 감탄해 마지않았다. 마당은 잘 다듬어진 잔디로 덮여 있었고 통나무로 된 정자에는 마루가 깔려 있었으며 그 옆으로 바비큐 그릴이 놓여 있었다. 안으로 들어가니 통나무와 황토를 주재료로 사용해서 그런지 온통 황색 일색이었다.

정성만의 취미는 매우 다양해 보였다. 사냥총, 낚싯대, 콤파운드 보우 등 각종 장비가 완비되어 있었다. 방은 두 개였으나 어느 방에

노 침대는 보이지 않았다.

"황토 구들장에서 밤새 몸을 지지고 나면 아침에 날아갈 듯이 개운하고 상쾌하지."

정성만의 구들장 예찬은 의학정보까지 더해져 만병통치론으로 이어졌다. 사람의 몸, 특히 장기는 차게 해서는 안 된다는 것이었다. 늘 운동을 해주거나 따뜻한 물, 따뜻한 음식, 따뜻한 잠자리를 통해 일정한 온도를 유지해 주어야 한다고 했다. 그리되면 성인병이나 암세포와 같은 질환을 예방할 수 있다는 것이 그의 지론이었다.

집안을 둘러본 세 사람은 밖으로 나왔다.

"저 앞에, 주택지 보이지?"

전원주택 오른쪽으로 넓고 평평하게 터를 닦아놓은 드넓은 땅이 보였다.

"주택지가 도로에 딱 붙어 있네요."

"이 주택지는 세 필지를 합병한 거야. 도로에 붙은 땅이 120평, 그 위로 2,400평이 있었고 2,400평 땅 위에 1,700평이 있었는데 세 필지를 합쳤어. 처음에는 중간에 있는 2,400평만 경매에 나왔었어. 그러니까 그 땅만 놓고 보면 '맹지'였지."

"땅을 합칠 수 있나요?"

"지목이 같으면 합병할 수 있어."

맹지는 도로에 접한 부분이 없는 토지를 말하는데, 건축허가가 나지 않는다. 따라서 도로에 접해 있는 토지보다 가격이 상대적으로 매우 저렴하다. 정성만이 경매로 구입한 토지는 2,400평으로 처음 감정가는 1억 6,800만원이었다. 평당 7만원인 셈이다. 그러나 맹지라서 건축은 할 수 없었다. 또한 해풍이 있어 과수 농사를 짓기에도 적합하지 않았다. 그러다 보니 유찰이 되어 8,600만원선까지 값이 떨어졌다. 도로에 접한 임야는 불과 120평 정도였고 소유자는 권기택이었다. 120평은 한 필지의 임야를 가로지르는 관통도로가 나면서 임야가 양쪽으로 나눠지면서 생겨났다. 정성만이 경매를 통해 낙찰받으려 한 임야 2,400평은 권기택 소유의 120평 임야 위에 붙어 있었고 다시 그 2,400평 위에 권기택의 임야 1,700평이 연이어 붙어 있었다. 그 일대의 토지는 건축허가를 받을 수 있는 토지 가격이 평당 40만원선이었다.

정성만은 권기택을 찾았다. 도로에 붙은 임야를 매도할 의사가 있는지 여부를 알아보기 위해서였다. 권기택은 주소만 서산시 대산면으로 되어 있었을 뿐 거주지는 서울 강남구 역삼동이었다. 다행하게도 평당 42만원선이면 팔겠다는 대답을 듣고 정성만은 마음 편하게 입찰에 응할 수 있었다. 입찰일 당일에 정성만은 경매법정에서 권기택을 보았다. 이상한 예감이 들어 처음 정한 입찰가보다 2,000만원이 많은 1억 1,700만원을 썼다. 입찰자는 단 2명으로 권기택과 정성만 자신이었다. 권기택의 입찰가는 9,800만원이었다. 권기택은 정성만을 보자 당황했다. 정성만이 권기택에게 인사를 건

넣지만 권기택은 아는 체를 하지 않고 입찰 보증금을 찾아 서둘러 경매법정을 빠져 나갔다.

다음날 정성만은 서울로 올라와 권기택을 만나려 했으나 응하지 않았다. 권기택은 정성만이 찾아가기 전까지는 자기의 임야 바로 위 임야가 경매에 나온 사실을 몰랐었다. 그러다가 정성만이 왔다 가고 나서 경매로 나온 사실을 알았다. 그러다 보니 욕심이 생겼던 것이다. 권기택으로부터 120평 임야를 매수하는 문제는 쉽게 해결될 것 같지 않았다. 마음이 급해진 정성만은 임야 매수가격을 조금씩 상향해서 제시했다. 결국 평당 100만원을 제시했음에도 불구하고 거절을 당했다. 오히려 낙찰가에 그대로 넘기라는 통보를 받았다.

권기택의 신의 없음이 정성만은 매우 불쾌했다. 120평을 판다는 말만 안 했어도 입찰에 응할 이유가 없었다. 이곳은 정말로 정성만 자신에게는 재수 없는 곳이라는 생각도 들었다. 이곳에 와서 잘 풀린 일이 없었으니 그러한 생각도 무리는 아니었다. 권기택과 한동안 연락이 끊겼다. 정성만은 정동구를 찾았다. 세상사 이야기 끝에 권기택을 성토할 요량으로 대산면에 경매를 받은 임야를 이야기했다.

정동구는 전혀 문제될 것이 없다고 했다. 그리고 도로에 붙은 120평 임야도 비싼 가격에 매입할 필요가 없다고 했다. 그렇다면 낙찰받은 땅을 팽개쳐두란 말씀이냐고 따졌지만 그런 건 아니라고

했다. 세 필지(102평, 2,400평, 1,700평) 모두 합병을 해서 분양을 하라
는 것이었다. 그럴 경우 권기택이 얻는 수익은 상상을 초월하게 된
다는 것이었다.

만약 권기택이 120평과 1,700평을 나누어 매도할 경우 얻는 수
익(시세기준으로 120평×40만원＋1,700평×7만원)은 1억 6,700만원이 되
지만 세 필지를 합병해서 분양할 경우 권기택이 차지하는 수익(건축
허가를 득한다는 가정하의 시세는 평당 35만원. 1,820평×35만원)은 6억
3,700만원이 된다.

정성만은 눈이 번쩍 뜨였다. 권기택이 정성만의 제의를 흔쾌히
받아들인 건 물론이었다. 정성만은 세 필지 합병을 서둘렀다. 그런
다음 한 세대씩 지을 수 있도록 필지를 100평 단위로 분할해서 필
지당 3,700만원씩 분양했다. 사도私道로 빠져나가는 택지 감보율減步
率을 감안해도 놀라운 수익이 발생되었다. 지금은 두 사람이 친분을
쌓고 있지만 권기택은 정성만의 아이디어에 아직도 놀라고 있다고
한다. 흐린 날에는 태양이 보이지 않는다. 그렇다고 태양이 사라진
것은 아니다. 다만 구름에 가려져 보이지 않을 뿐이다. 이후로 정성
만은 어떠한 절망적인 상황에서도 희망의 끈을 놓지 않는다고 회상
했다.

"사부님이 정동구 어르신을 형님으로 모실 만한 이유가 있으시
네요."

"내가 자네들을 이리로 오게 한 것은 머리를 식히자는 뜻도 있지

만 이곳을 통해 뭔가를 느끼라는 것이야. 무엇을 느끼라고 말은 하지 않겠네. 자네들 스스로 느끼는 것이 있다면 그걸로 충분하니까."

석환과 윤정은 말없이 고개를 끄덕였다. 정성만의 가르침을 온몸의 느낌으로 받아들이고 있었다.

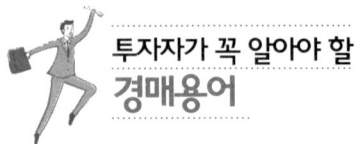

**투자자가 꼭 알아야 할
경매용어**

● **피담보채권(공사대금)**
채권자가 향후 채권 행사가 여의치 않을 경우를 대비하여 채권행사를 용이하게 하기
위해서 부동산 등에 담보권을 설정하게 되는데, 이 담보권에 관련된 채권을 피담보채
권이라고 한다. 피담보채권은 담보권을 설정한 근거가 되는 채권을 의미하는 것이다.

● **지분경매**
지분경매에 참가하기 전에 지분 공유자를 먼저 만나보는 것이 가장 좋은 방법이다.
지분 공유자를 만나 지분을 공유하고 있는 부동산에 대해 어떤 입장을 가지고 있는지
지분을 추가로 매입할 것인지 아니면 새로운 지분자가 생기면 지분만큼씩 협의 하에
분할을 할 생각은 있는지 또는 새로운 지분자에게 본인의 지분을 매도할 의사가 있는
지 등을 확인하고 필요에 따라 원만하게 협의할 수 있는 인품을 가지고 있는지 등도
판단해야 한다. 지분 공유자만 만나본 후에는 지분경매로 나온 물건의 위치, 개발 가
능성 등 일반적으로 부동산을 취득할 때 살펴봐야 할 모든 것을 점검해야 한다. 이와
같은 방법으로 지분에 대해 해결 방안이 나오면 경매에 입찰하는 것이다. 이처럼 미
리 발품을 팔아 지분에 대한 대비를 하면 경쟁률 높은 경매시장에서도 고수익을 챙길
수 있을 것이다.

● **공유자 우선매수신청**
일반 공유자는 공유지분 경매절차에 참가하여 우선매수신청을 할 수 있는 공유자우
선매수신청권이 있다. 공유자우선매수신청은 매각기일에 최고가 매수신고인을 선정
하여 발표하기 직전까지 신청할 수 있다. 미리 공유자 우선매수신청을 했고, 응찰자
가 없으면 매각당일의 최저가격으로 공유자가 매수해야 한다. 따라서 꼭 매수해야 할
경우가 아니라면 공유자는 미리 공유자 우선매수신청을 하지 않고 있다가 매각기일
에 응찰자가 있을 때 공유자 우선매수신청을 말로 하면 된다.

● **우선매수권**
공유물지분의 경매에 있어서 채무자 아닌 다른 공유자는 매각기일까지, 최저매각가격
의 10분의 1에 해당하는 금원을 보증으로 제공하고 최고매수신고가격과 같은 가격으

로 채무자의 지분을 우선매수하겠다는 신고를 할 수 있다. 이러한 다른 공유자의 권리를 우선매수권이라고 한다. 이 경우 법원은 다른 사람의 최고가매수신고가 있더라도 우선매수를 신고한 공유자에게 매각을 허가해야 한다. 이때 최고가매수신고인은 원할 경우 차순위매수신고인의 지위를 부여받을 수 있다.

- ● **집행불능조서**
  집행불능조서를 작성하는 경우는 다음과 같다.
  - 물건 명세서에도 없는 점유자
  - 유치권을 주장하며 점유하는 자
  - 전 소유자나 채무자는 전출하고 그의 세대원들이 거주하는 경우
  - 임차인이 회사 직원 등의 숙소를 사용하다 임차인 앞으로 인도명령을 받아 집행하러 갔으나 권원이 없는 직원들이 점유하고 있을 경우
  - 인도명령을 받아 문을 개폐하고 들어갔으나 점유자가 인도명령대상자인지 확인이 불가능할 경우

- ● **유체동산 강제집행**
  유체동산의 강제집행이란 채무자 소유 또는 채무자와 그 배우자의 공동소유의 동산을 집행관이 압류한 후 점유를 직접 취득하거나 채무자에게 보관을 명하고, 일정 기간 후 그 물건을 경매에 부쳐 매각한 대금을 채권자에게 지급하는 방식의 강제집행을 말한다. 유체동산의 강제집행은 집행절차가 모두 채무자의 면전에서 행해지기 때문에 채무자와 그 가족에게 심리적 강제를 가하여 채무의 임의적 변제를 유도할 수 있다.

  ※ **필요한 서류**
  ① 집행문이 부여된 집행근원(판결문, 공정증서, 확정된 지급명령, 화해조서, 조정조서 등)
  ② 송달증명원 1통
  ③ 강제집행신청서(집행관사무실에 비치) 1통, 신분증과 도장
  ④ 대리인인 경우 위임장(집행관사무실에 비치) 1통
  ⑤ 법인인 경우 법인등기부 등본 1통

조선안의
실전경매 이야기

10장

최고의 무기는 열정이다

"여기까지 내려왔으니, 내가 제안을 하나 하겠네. 이 제안을 받아들일지의 여부는 자네들이 결정을 하게."

정성만은 석환과 윤정에게 수익률 게임을 제안했다. 정성만은 돈을 빌려주고 석환과 윤정은 그 돈을 이용하여 약정된 수익을 올리는 것이었다. 약정 수익 이상이면 석환과 윤정이 이기는 것이고 이하면 지는 것이다.

"좋아요."

승낙을 한 것은 윤정이었다.

"내일 올라가면 당장 경매 물건을 찾아 시작을 하는 거야. 수익은 투자 대비 연 16%로 약정하겠네."

다음날 일행은 오전을 넘기지 않고 서울로 출발했다. 윤정과 석환은 정성만과 헤어진 후 부천의 가게로 들어섰다. 두 사람은 지지옥션 사이트에 접속해 경매물건을 검색해 보았으나 마음과 달리 생각보다 수익을 올릴 수 있는 물건이 쉽게 눈에 띄지 않았다. 하긴 검색할 때마다 수익성 높은 물건이 눈에 띈다면 돈을 벌지 못할 사람이 어디 있으랴. 두 사람은 컴퓨터 앞에 앉아 열심히 서핑을 했으나 3시간이 넘도록 별무소득이었다.

"이 물건 어떠세요?"

점심식사도 거른 채 컴퓨터 모니터에 코를 박고 있던 석환이 윤정을 불렀다.

고양시 일산역과 한뫼초등학교 사이에 소재하는 토지로 면적은 107평이고 최초 감정가는 8억 4,000만원이었으나 서너 차례 유찰이 되어 3억 4,400만원대까지 가격이 떨어져 있는 물건이었다. 역세권이라 위치는 좋았다. 토지 위에는 공정률 80% 정도 진행된 다세대 주택이 있었다. 토지만 경매로 나온 것이었는데 법정지상권이 완벽하게 성립되는 것처럼 보였다. 그렇기 때문에 가격이 형편없이 떨어졌음에도 누구도 입찰에 참여할 엄두를 내지 못하고 있는 것 같았다.

"법정지상권이 성립하는 거 같은데요."

법정지상권이 성립된 물건을 자칫 잘못 사면 수익은커녕 돈만 물리게 된다.

"멀지 않으니 가볼까요?"

현장에 도착해보니 생각과 달리 공사가 진행되고 있었다. 생각보다 잘 지어진 건물이었다. 건축허가 판을 보니 건축주의 이름은 박용건이었다. 토지주와 같은 이름인 것으로 보아 토지와 건물은 동일인의 소유였다. 건축 착공일은 불과 두 달 전이었다.

토지 부동산등기부등본을 살펴보니 건물이 착공되던 시기 전후로 저당권 등 아무것도 설정된 것이 없었다. 다만 토지에 가압류가 여러 건 있을 뿐이었다.

토지와 건물이 동일인인 박용건의 소유이고 토지만 경매로 나와 다른 사람이 토지를 낙찰 받을 경우 박용건은 관습상의 법정지상권을 주장할 수 있다. 즉 최하 30년간 토지를 사용할 수 있는 권한이 주어진다. 물론 지료는 내게 되겠지만 말이다. 낙찰자 입장에서는 무조건 피해야 할 물건이었다.

"석환씨, 그냥 가요. 괜히 시간만 낭비했어요."

"잠깐만요, 장 사장님 먼저 가세요. 전 좀더 알아보고 가겠습니다."

윤정이 미처 뭐라 대꾸할 사이도 없이 뭔가 생각났다는 듯 석환은 발길을 돌려 공사현장으로 뛰어갔다. 그는 인근 부동산중개업소를 방문했다. 정중하게 인사를 건네고 마트에서 구입한 음료수 박스를 사무실 탁자에 내려놓았다.

"이 근처 다세대 분양가가 어느 정도 되는지 알 수 있습니까?"

"사시려고요?"

웃음기가 없는 40대 중반의 중개사는 매우 사무적인 태도였지만 예의는 있었다.

"시세를 알아보려고 합니다."

"이 근처는 역세권이다 보니 분양가가 다른 데보다 높습니다. 평당 950만원에서 1,100만 원 정도 합니다."

"일산역 북광장으로 나와 한뫼초등학교 입구 못 미쳐 지금 짓고 있는 다세대 같으면 분양가가 얼마로 책정이 될까요?"

석환은 솔직하게 자신이 관심 있는 물건임을 밝혔다.

"토지가 경매로 나온 거 말씀하시는 거군요. 그거야 1,000만원대로 분양이 가능하지만 법정지상권이 성립되는 물건이라 하지 않는 게 좋지요. 아예 신경 쓰지 마세요."

중개사도 이미 그 물건에 대한 권리분석을 끝낸 모양이었다. 몇 군데 더 다니면서 현황을 조사하고 분양에 대해 조사를 했으나 거의 대동소이한 대답이 나왔고 한결같이 입찰을 피하라는 조언이었다.

휴대폰을 열어 석환은 오늘 날짜를 확인했다. 토지에 대한 경매 입찰일이 모레였다.

"석환씨! 남들이 다 말리는 걸 굳이 왜 하려고요?"

"해볼게요."

석환 자신은 고집이 아니었다. 그러나 윤정이 보는 시각에서는 분명 고집이었다. 남들이 전부 '노'라고 말할 때 홀로 '예스'라고 말하는 영웅 게임도 아니고, 정말 납득을 할 수 없었다.

이튿날 석환은 정성만에게 전화를 했다.

"사부님, 괜찮은 물건이 있습니다. 충분히 약정수익률을 뛰어넘을 수 있고요."

"어떤 물건인지 자네 계좌번호와 경매 사건번호를 알려주게."

석환은 휴대폰을 이용해 문자로 사건번호를 전송했다. 정성만은 물건에 대한 판단을 했는지 안 했는지, 가타부타 말이 없이 입찰보증금만 석환의 계좌로 보내주었다. 입찰 당일 윤정은 석환과 함께 법원경매장을 찾았다.

"정말 괜찮은 거죠?"

윤정은 만류에도 불구하고 굳이 입찰에 응하겠다는 석환을 어찌해볼 도리가 없었다. 그러나 내심 불안하기는 석환이 더했다. 자신의 돈도 아니고 빌려서 하는 거였다. 잘못되면 본인뿐 아니라 여러 사람에게 누를 끼치게 되고 실망감을 안기게 된다. 후회도 되었지만 여기서 물러설 수는 없었다. 최저 입찰가 3억 4,400만원에 1,200만원을 더해 3억 5,600만원을 썼다. 두 명이 입찰에 참여하여 석환이 600만원 차이로 최고가 매수신고인이 되었다.

석환은 영수증을 받기 위해 단상으로 갔다.

윤정은 주위에서 수군거리는 사람들의 이야기를 들을 수 있었다.

‘미친 사람이군.’

‘초짠가 본데.’

‘곧 재경매 나오겠군.’

‘보증금만 떡 사먹었어.’

윤정은 속이 상해 미쳐버릴 것 같았다.

"오래 기다렸죠?"

석환의 얼굴도 상기되어 있었다.

"사람들이 석환씨 보고 미쳤대요."

"갑시다, 어차피 주사위는 던져졌어요."

석환의 표정이 자못 비장했다. 윤정 또한 더 이상의 말은 삼갔다. 고시텔로 돌아온 석환은 정성만에게 전화를 했다.

"사부님, 저 일단 낙찰받았습니다."

"잘해보게."

정성만 또한 별 말 없었다.

7일 후 낙찰허가는 이상 없이 결정되었고, 박용건이 최고가매수신고인에게 낙찰을 허가하지 말아달라며 낙찰불허가 신청을 했으나 기각되었다. 이로써 낙찰허가일로부터 다시 1주일이 경과되어 낙찰허가는 확정되었다. 경매신청 채권자, 경매물건의 소유자, 최고가매수신고인과 같은 경매사건의 이해관계인은 낙찰허가에 대해 이의신청이나 즉시항고를 할 수 있다. 대부분 낙찰허가 결정이 불리하게 작용할 경우 낙찰을 불허해 달라는 이의신청이나 즉시항고를 하게 되는데, 이의신청은 경매절차가 종료되기 전까지 할 수 있다. 즉시 항고는 낙찰허가 결정이 나고 7일 내에 해야 한다. 즉시항고는 보증금 상당액을 공탁해야 하고 항고가 기각되면 공탁된 돈은 몰수가 되어 배당금으로 충당된다. 이의신청은 경매절차가 잘못 진행되었거나 채무액을 변제한 후 경매절차 취소를 구하는 것이다. 이러한 이의신청이나 매각허가취소신청도 대금납부가 완료되면 할 수 없고, 경매는 민사집행법 규정에 따라 경매 잔금을 납부하면 그때부터 소유권등기를 하지 않아도 낙찰자는 소유권을 취득하게 된다.

잔금기간이 정해지지 징성반에게 돈을 더 차용하여 석환은 잔금을 납부했다.

"사부님, 잔금을 납부했습니다."

"기대하고 있겠네."

석환은 현장을 둘러보았다. 여전히 마무리 공사를 진행하고 있었다. 내외장 공사가 모두 마쳐진 상태로 준공검사만 남은 것 같았다.

"준공검사는 언제 떨어집니까?"

현장에서 일하는 인부를 붙잡고 석환이 물었다.

"준공검사 났어요. 곧 분양 들어갈 겁니다."

석환은 바짝 긴장이 됐다. 만약 분양이 완료되면 모든 것이 실패로 돌아가고 만다. 석환은 많은 사람들이 입찰을 만류했음에도 불구하고 감행을 했다. 실패를 하면 고집불통에 미련퉁이로 전락하는 것이다.

"분양가는 얼마죠?"

"보통 세대당 1억 8,600만원쯤 하는데 땅값이 안 들어갔으니까 다른 것보다는 싸죠. 세대 당 1억 3,000만원 정도 합니다. 분양 받으시게요?"

"그냥 좀 알아보는 겁니다."

인부는 건축자재를 어깨에 메고 총총히 현관으로 사라졌다.

석환은 매일 출근하다시피 하며 현장의 동태를 살폈다. 5일째 되는 날까지는 별다른 변화가 보이지 않았다. 다만 다세대주택 현장은 말끔하게 정리정돈이 되었다. 그러다 6일째 되는 날부터 현장에 분양사무실과 분양 현수막이 내걸리고 일간신문에 분양 전단지가 돌려지고 거리 곳곳에 분양 안내문이 현시되었다. 대대적인 분양 작전이 전개됐다. 하루가 지나자 분양사무실은 문전성시를 이룰 정도로 많은 사람들로 붐볐다. 그 모습을 바라보는 석환은 마음이 편치 않았다.

그는 무거운 마음으로 동진의 사무실로 발길을 돌렸다. 사무실이 분주한 건 여전했다.

"형님, 제가 너무 욕심을 부렸나봐요."

"처음 자네가 입찰해도 괜찮겠냐고 나한테 자문을 구했을 때 나도 회의적이었지만 자네 설명을 듣고 나서 가능성 있다고 생각했어. 저들도 임대를 한다면 모를까, 매매는 쉽지 않아. 그러니 조금 더 기다려 보자고."

"분양사무실이 엄청나게 붐벼요. 그걸로 봐서 제 판단이 아무래도 잘못된 것 같아요."

"일단 토지가격이 제외된 분양가이니까 싸다고 생각되서 그럴 거야."

지켜보자는 쪽으로 마음을 굳히고 정성만의 양해를 얻어 석환은 태안에 있는 정성만의 별장을 찾았다. 석환은 바다낚시 장비를 챙겨 갯바위로 나가 무심히 낚시에 열중했다. 진인사대천명盡人事待天命.

'나는 지금 하늘의 뜻을 기다리고 있다. 그렇다면 나는 과연 내가 할 일을 다 하였는가?'

선뜻 그렇다고 자답할 자신이 석환에겐 없었다. 어떠한 결과가 나오든지 겸허한 마음으로 수용하리라 마음먹었다. 그러자 한결 마음이 편해졌다. 그렇게 1주일을 보냈다. 외부와 일체 연락을 끊고 지내다 보니 휴대폰의 배터리도 모두 방전이 되어 있었다.

석환은 가까운 편의점에 가서 휴대폰 충전을 했다. 문자가 도착해 있었다. 윤정의 안부를 묻는 내용과 힘내라는 격려성 문자가 있었고, 마지막에 확인한 것은 발신자 이름 없이 전화번호만 입력되어 전송된 '연락바람'이라는 내용이었다. 전화번호를 아무리 들여다봐도 지인의 전화번호는 아니었다.

석환은 먼저 윤정에게 전화를 걸어 잘 지내고 있다는 말로 그녀를 안심시켰다. 그러고 나서 발신자 미상의 전화번호로 통화 버튼을 연결했다. 누구인지 궁금했다.

"박용건입니다."

굵은 바리톤의 목소리가 수화기를 통해 들렸다.

"문자가 와 있어서 전화 드렸습니다. 누구이신지?"

박용건이라는 이름이 낯설었다.

"누구신데요?"

오히려 이쪽을 더 궁금해 했다.

"오석환이라고 합니다만."

"아! 낙찰자이시군요. 나 건축줍니다. 건축주 박용건, 모르시겠습니까?"

"아, 예. 그런데 어쩐 일이시죠? 이렇게 전화를 다주시고."

"땅, 그거 1억 더 드릴 테니 나한테 넘겨요."

성격이 무척이나 단순하고 급한 모양이었다. 앞뒤 가리지 않고 막무가내로 자기 할 말을 쏟아냈다.

"무슨 말씀이세요?"

"낙찰받은 사람 아닙니까? 맞죠? 낙찰가에 1억 더 얹어 줄 테니 나한테 파시라고요."

"제가 지금 지방에 내려와 있습니다. 올라가면 연락드리겠습니다."

석환은 전화를 끊었다. 뭔가 예감이 좋았다. 그는 서둘러 서울로 향했다. 그는 윤정의 가게로 곧장 갔다.

"내일 올라오신다더니, 오늘 오셨네요?"

윤정이 반가움 반, 호기심 반이 섞인 눈길로 석환을 맞이했다.

"이상한 전화를 받았어요. 건축주가 땅을 팔라는군요."

"그게 무슨 말이에요?"

"저도 거기까지밖엔 몰라요. 건축주가 다짜고짜 팔라고 하네요."

"석환씨 전화번호는 어떻게 알았대요?"

"그야 법원에 보관된 입찰기일표를 보면 알 수 있죠."

다음날 윤정과 석환은 분양사무실로 갔다. 두 사람은 마침 분양사무실에서 니오는 부부를 만났다.

"저, 잠깐만요. 혹시 분양 계약하셨나요?"

석환은 상대 부부의 양해를 얻어 대화를 시도했다.

"계약이나마나 원, 복잡해서 계약하겠어요?"

매우 불만스런 표정이 얼굴에 여실히 드러났다.

"왜요?"

"법정지상권이라나 뭐라나, 땅을 30년까지 쓸 수 있다고 하는데 무슨 말인지 알아들을 수도 없고, 거기다 지료를 내야 한다고 그러고 은행융자도 안 된다고 하니 계약하고 싶은 마음이 들겠어요? 돈도 모자라고 복잡해서 싫어요. 웬만하면 댁들도 관둬요. 싸다는 생각에 왔더니 땅 없이 건물만 분양하기 때문에 싼 거더라고요."

석환과 윤정은 분양사무실로 들어갔다. 처음보다 한가한 편이었고 박용건은 보이지 않았다. 분양원은 어떤 아주머니에게 카달로그

265

를 보이며 열심히 뭔가를 설명하고 있었다.

"토지 지분은 없어도 토지를 사용하시는 데는 별 문제가 없습니다. 사모님께서 30년 넘게 그곳에서만 사시겠어요? 그 안에 파시겠지요?"

분양원은 매우 피곤해보였다.

"제가 팔 때 사려는 사람이 토지지분이 없다고 그러면 그땐 뭐라고 그래요?"

분양받으려는 아주머니도 호락호락하지 않았다.

"아니, 싸게 분양받아서 30년 가까이 사용하시면 본전은 뽑는 거잖아요."

이야기가 겉돌고 있었다.

"그건 그렇다 쳐요. 내 돈 주고 산 건데 지료는 또 뭐예요?"

"남의 땅에 건물이 있어서 그렇지요. 그건 얼마 안 되지 않습니까?"

"내 돈 주고 산 건물인데도 결국 월세를 사는 거네요?"

"땅 지분이 없으니 사용료는 내야지요."

분양원은 답답하기 짝이 없었다.

"융자도 안 된다면서요?"

"그건 제1금융권만 그렇지 상호저축은행 같은 데는 돼요."

"이자가 비쌀 거 아녜요?"

아주머니는 분양을 받기 위한 상담이 아니고 분양사무실에서 퇴각을 하기 위한 명분을 쌓고 있었다.

"얼마 차이 안 나요."

분양원의 답변에 힘이 빠져 있었다.

"다음에 올게요."

말을 마친 그녀는 카달로그를 책상 위에 얹어 놓은 채 빠르게 분양사무실을 빠져 나갔다.

"기다리게 해서 죄송합니다. 어떻게 오셨어요?"

분양원은 아주머니가 나가고 나서 석환에게 관심을 표명했다.

"박용건씨를 뵈러 왔습니다."

"지금 안 계신데, 어디서 오셨다고 전해드릴까요?"

"아닙니다. 다음에 오겠습니다."

석환은 윤정과 분양사무실을 나왔다. 사무실을 나온 석환은 동진에게 전화를 했다.

"형님! 처음 제 예상이 맞아 들어가고 있어요."

석환의 목소리가 약간은 들떠 있었다.

"그래?"

"건축주의 1억원 협상 카드가 그 신호탄인 것 같습니다. 모르긴 해도 박용건씨가 다세대 건물을 분양하는 데 토지 지분이 없어서 애를 먹고 있는 게 분명합니다. 조만간 또 연락이 올 것 같습니다."

석환이 처음부터 염두에 두었던 부분이 바로 이러한 것이었다. 분명히 토지 지분 없이 분양을 한다는 것이 어려울 것이라는 점이었다. 토지와 건물이 결합된 온전한 주택으로 분양을 해야 성공할 거라는 계산 하에 석환은 과감하게 토지 입찰에 응했던 것이었다. 그것이 현실로 나타나고 있었다. 집에 도착하자 박용건으로부터 전화가 걸려왔다.

"생각해보셨습니까?"

그는 단도직입적으로 물었다.

"박 사장님, 제가 만약 박 사장님께 건물 신축 원가에 1억원을 더 드린다면 파시겠습니까? 안 파시겠지요? 저도 마찬가집니다. 그러니 그러지 마시고 건물 분양가에 토지 지분을 얹어서 분양을 하세요. 저도 토지 가격을 너무 높게 책정을 않고 감정가대로만 분양을 하겠습니다. 시세를 조사해보니 10억원이 조금 넘어가던데 그냥 감정가 8억 4,000만원을 기준하여 분양하겠습니다."

"그럽시다."

일은 일사천리로 진행되었다. 건물만 분양할 때보다 오히려 토지 지분을 더해 분양가를 높였음에도 성황리에 분양이 완료되었다. 절세를 위해서 형식적으로 박용건이 석환의 토지를 낙찰가에 인수하는 것으로 하고 토지면적을 세대 수로 나누어 수분양자들에게 지분으로 매도했다. 토지의 분양가는 실제로는 감정가에 준해서 했으므로 이익이 많았다. 박용건에게 차익의 10%를 주었음에도 제반 경비를 공제하고도 4억원 상당의 이익을 석환은 얻었다. 이로써 그는 정성만과의 약속을 지켰다. 가장 기뻐한 사람은 윤정이었다. 정동구 어른을 모시고 정성만과 동진, 그리고 석환과 윤정이 함께 자축연을 벌였음은 물론이었다.

"처음부터 자네가 예사롭지 않다고 보았는데 결국은 한 건 하는구먼."

정동구 어른의 극찬이 이어졌다. 무엇보다 큰 소득은 석환이 자신감을 얻었다는 것이었다.

"저도 윤정씨나 사부님께 먼저 말씀을 드리지 못했던 것은, 법정지상권만 가지고는 분양이 힘들 것이라고 생각은 했지만 확신을 할 수 없었기 때문이었습니다. 이 점은 정말 죄송스럽고 송구스럽습니다."

차용한 원금을 모두 정성만에게 돌려주고도 석환의 수중에는 4억원 가까운 돈이 쥐어졌다. 그 절반을 윤정에게 주고자 했으나 윤정은 한사코 거절했다.

"그럼 이 돈은 장 사장님이 제게 맡기신 걸로 알고 더 크게 늘려서 드리겠습니다. 기대하셔도 좋습니다."

석환은 자신감이 팽배해 있었다. 그동안 지지옥션에서 교육을 받았고 동진과 정성만, 그리고 정동구에게 지도와 사사를 받는 동안 석환은 수익을 올릴 수 있는 원리를 깨우치기 위해 무던히 노력을 해왔다. 그 결과, 경매에서 수익을 올릴 수 있는 맥을 짚을 줄 알게 된 것이었다.

석환은 마침내 아내에게 1억원을 송금한 후 쓸 만한 임대주택을 구해보라고 전화를 걸었다. 석환의 아내 유경은 눈물을 글썽거리며 진심으로 기뻐했다.

　첫 번째 성공의 흥분이 어느 정도 가라앉은 후 석환이 다음 투자 물건으로 선정한 것은 재개발 지역으로 지정된 김포시 북변동에 소재한 목욕탕 건물과 토지였다.

　토지 총면적 2,680m²(810.7평), 건물 총면적 3,085.52m²(933.37평)이며 북변터널 북서측 인근에 위치한 물건으로 감정가는 62억 372만 1,000원(대지 36억 1,800만원, 건물 24억 2만 4,000원, 제시 18억 5,697만원)이었다. 몇 차례 유찰을 거듭한 결과 최저가가 30억 3,982만 4,000원까지 떨어져 있었지만 응찰자가 없었다. 유치권이 신고된 영향을 받아 유찰이 된 것이었다. 물건명세서에는 김병수로부터 공사대금 1억 1,000만원, 박명호로부터 공사대금 20억 2,134만 4,708원, 우재춘으로부터 공사대금 5,000만원, 이레산업주식회사로부터 3억 8,000만원의 유치권신고가 있었으나 그 성립 여부는 '불분명함'이라고 명시되어 있었다. 그러나 그 다음 회차에 21억 2,787만 7,000원까지 떨어지자 기다렸다는 듯 8명이 응찰했고, 권중금이라는 사람이 전 회차 가격을 넘어서는 32억 2,130만원을 써서 낙찰을 받았고, 7일 후 낙찰허가결정이 되었다.

　사람들은 전 회차 가격을 넘어설 것 같으면 진작 전 회차의 최저가에 입찰을 하는 것이 바람직한 것이 아닌가 하는 의문을 갖는다. 그러나 실제 경매에 응찰해보지 않으면 그 심정을 모른다. 자신이 선택한 물건이 좋게 생각되면 나른 사람도 그렇게 생각할 거라는 생각에 조바심이 난다. 그러다보면 입찰가를 올려 쓰게 마련인데, 그 '안심' 금액을 전 회차를 넘어서는 금액이라고 생각하기 때문에 전 회차의 금액을 넘기곤 하는 것이다.

권중금은 잔금기일이 지났음에도 잔금을 납부하지 않았다. 유치 권자의 기세가 완강했고 실제 유치권이 성립되는 상황이었다. 유치 권으로 인하여 도저히 명도 받을 자신이 없자 포기한 것이었다. 차 순위 매입 신고도 되어 있지 않았다. 차순위 매입신고란 최고가매 수신고인이 잔금기일 내에 납부하지 않을 경우 차순위 매수신고인 에게 낙찰허가를 해주는 제도로 최고가매수신고인의 응찰금액의 90% 이상을 써낸 입찰자만이 신고를 할 수 있다.

권중금이 잔금을 납부하지 않은 상황은 유치권자들의 위상을 한 껏 높여놓았음은 물론이고 입찰 희망자들에게 유치권이 확실하게 성립한다는 인식을 강하게 심어줬다. 권중금이 잔금을 납부하지 않 자 물건은 다시 재경매에 부쳐졌다. 이러한 물건에 석환이 관심을 가진 것이었다.

"석환씨, 먼저는 그렇다 쳐도 이번 건은 유치권이 분명하게 성립 하고 또 그 금액이 만만치 않은데 괜찮겠어요?"

현장을 둘러보고 오면서 윤정은 이번 건만은 석환이 포기해주기 를 진정으로 바랐다. 유치권자들도 그렇지만 임차인들의 표정이 흉 흉스러워 매우 걱정이 되었던 것이다. 물건을 낙찰받는다 해도 쉽게 인도받을 수 없음은 현장을 보고 확인할 수 있었다. 현장은 전쟁을 나가기 위해 출정식을 마치고 각종 깃발을 앞세운 형국이었다. 주차장 한켠에는 머리에 띠를 두른 임차인들이 유세를 하고 있었고 유치권자들도 삼삼오오 모여 동조를 하고 있었다. 유치권자와 임차인들이 연합을 한 것 같았다. 일종의 '간접점유' 형태로 보였다.

"저도 지금은 장 사장님과 같은 생각입니다. 제가 좀더 조사해보고 결정하도록 하겠습니다."

"돈도 좋지만, 너무 신경 쓰이는 부담스러운 일은 피하고 싶은 게 제 솔직한 심정이에요."

"맞아요, 저도 그렇습니다. 그런데 이번 건은 잘만 파악하면 정말 순조롭게 끝낼 수도 있을 것 같아요."

"뭘 파악하는 건데요?"

"재개발 여부와 수용 보상가입니다."

"재개발은 된다고 그러지 않았나요?"

"네, 그것만큼은 확실합니다."

"거기가 재개발되는 거하고 경매하고 무슨 관계가 있는 거예요?"

"제가 알기로는 밀접한 관계가 있어요. 좀더 알아봐야 하겠지만요. 하여간 정확히 파악해서 입찰 전에 전부 설명드릴 게요."

"알았어요."

석환은 윤정과 헤어진 후 동진에게 전화를 했다.

"형님, 저녁에 시간이 어때요?"

"왜 술 생각나나?"

"그것도 그거지만 상의 드릴게 있어서요."

"사무실로 오게나."

석환이 부천에 도착한 시간은 저녁 7시가 조금 넘어서였다. 동진은 사무실에서 잔무처리를 하면서 석환을 맞이했다.

"자, 앉지. 그런데 상의하고 싶다는 일은 뭔가?"

"건물이나 토지가 수용되더라도 유치권을 주장하면서 건물 점유를 계속할 수 있나요?"

"유치권이 배타적 권리가 주어지는 물권이기는 하지만 수용이 되면 유치권은 주장할 수 없어. 건물이 수용된다는 것은 보통 철거를 위해서 수용하는 건데, 유치권자들이 철거를 방해할 수는 없지. 그냥 수용하는 기관에게 명도를 해야 해."

"건물이 수용되면 건물주에게 보상금이 나오죠? 그러면 유치권자는 건물주를 대신해서 그 보상금을 받을 수 있나요?"

"그건 두 가지로 생각해볼 수 있어. 중요한 건 유치권자에게는 '물상대위권'이 없다는 거지."

"물상대위권이요?"

"하, 그건 나중에 설명하지."

석환은 머리를 긁적였다.

"형님, 김포 북변동에 사우나 건물하고 토지가 경매로 나왔는데 공사업자들이 유치권을 주장하고 있어요. 유치권은 거의 성립이 되는 걸로 보이고요. 그런데 그 지역이 이번에 택지개발조성지역으로 지정되면서 보상금이 나온다는 거예요."

"보상금이 나와?"

"예. 토지개발공사에서 수용해서 택지로 개발한다는 거예요. 그 목욕탕이 있는 토지는 도로로 지정이 돼서 보상금이 좀 일찍 나온다는 거구요."

"아, 택지조성. 그 정보는 어디서 들었어?"

"토개공에 근무하는 친구한테 전해 들었어요."

"보상금이 얼마나 책정이 됐는지 알 수 있나?"

"제가 듣기로는 70억원 안팎이던대요."

"언제쯤 보상이 이루어진다고 하던가?"

"보상은 2년 정도 소요된대요."

"그렇다면 당연히 입찰에 참여해야지."

"이런 좋은 물건에 다른 사람들은 왜 입찰에 참여를 하지 않지요?"

"정보를 얻지 못해서이기도 하고, 수용되는 것과 유치권과의 관계를 잘 몰라서 그렇지."

"형님, 같이 들어갑시다."

"최저가가 얼만데?"

"약 21억원 정도 됩니다."

"자네 그 정도 보증금은 준비되잖아. 난 이번에 다른 걸 들어갔어. 혼자 해보게."

동진의 말을 들은 석환은 매우 고무된 표정이었다. 그는 곧바로 정성만에게 전화를 했다.

"사부님, 저 석환입니다. 찾아뵙고 긴히 드릴 말씀이 있습니다."

"뭔데? 내가 일본에 들어갈 일이 있어서 준비 중이라 시간이 통 나질 않아. 전화로 얘기하게."

정성만은 1박2일 예정으로 일본에 갈 계획이 있는 모양이었다.

"김포 북변동에 마음에 드는 경매물건이 나왔습니다. 잔금 부탁을 드릴까 해서요."

"사건번호 문자로 보내고 낙찰받거든 계좌번호 알려줘."

아무런 물음도 없었다. 그만큼 신뢰를 한다는 의미로 석환은 고맙게 받아들였다.

"잔금은 해결됐고, 그러면 얼마에 입찰하느냐만 남았네. 입찰가는 고려해봤어?"

"눈치 볼 거 없이 제가 얼마를 남길 것인가를 따져서 정해야겠어요."

2년 후 보상가가 60억원이 나온다는 가정 하에 입찰가를 30억원으로 한다면 연 50% 수익률이 된다. 그러나 이 돈이 전부 수익률로 되는 건 아니고 여기서 양도세를 공제해야 하므로 연간 수익률은 25% 정도가 될 것이다. 명도에 따른 비용은 별도로 계산하지 않아도 되므로 안전한 낙찰을 위해 명도비 상당액 1억 7,000만원을 입찰가에 반영하여 31억 7,000만원을 입찰가로 정하기로 했다. 명도비 상당액인 1억 7,000만원은 석환이 임의로 정한 금액이었다. 동진이 옆에 있어주면서 조언을 해주니 막히는 일이 없이 순조롭게 풀려나갔다.

석환은 윤정에게 전화를 걸어 그간의 상황을 설명해주었다.

"잘만 하면 먼저보다도 몇 배의 수익을 올릴 수 있을 것 같아요. 동진 형님과 상의를 했는데, 탈날 게 없네요. 유치권은 별 문제가 안 될 것 같습니다. 이 사건에서 유치권만 문제가 안 된다면 결국 보상금으로 귀결된다는 건데 그것도 무난하게 풀릴 것으로 보입니다."

유치권을 주장하는 부동산이라도 수용이 되면 유치권은 소멸된다. 유치권자는 물상대위권이 없기 때문에 수용에 따른 보상금은 전액 낙찰자에게 지급된다. 석환은 이번에 낙찰을 받으면 임차인들을 내보내지 않고 그대로 사용하면서 임료만 받을 생각이었다. 그렇게 2년을 보내면 보상금이 주어진다는 계산을 했다.

"그럼 됐어요. 석환씨가 결정한 거면 따를게요."

윤정의 승낙까지 더해지자 석환은 한층 자신감이 생겼다.

"고맙습니다."

이런저런 문제점들을 조사하고 파악하는 중에 어느덧 입찰일이 다가왔다. 경매법정에 들어서면 늘 긴장되기는 마찬가지였다. 김포에 소재한 물건은 부천법원에서 경매가 진행된다. 평일보다 사람이 많이 붐볐다. 한 사람 한 사람 보이는 이 모두가 북변동 물건 입찰을 위해 온 것처럼 석환은 느껴졌다.

'많이 들어올 줄 알았는데 단 두 명인 거 같네.'

입찰이 마감되고 집행관실의 요원들이 사건번호별로 입찰봉투를 봉투꽂이에 정리한 것을 본 석환은 의아한 생각이 들었다. 많은 사람들이 입찰에 참여할 것으로 예측했으나 의외로 단 두 명뿐이었다. 유찰이 여러 번 된 바람에 맨 앞에서 두 번째 순이었다. 최고가 매수신고인이 발표되었다. 긴장되는 순간이었다. 최고가매수신고인으로 석환의 이름이 불려졌다. 함께 온 윤정은 뛸 듯이 기뻐했다. 그런데 더욱 놀라운 건 예전에 만났었던 윤응배가 차순위로 들어왔다는 사실이었다. 그는 차순위 매수신고를 했다.

"또 제가 한 발 늦었습니다."

표현은 정중했지만 윤응배는 벌레 씹은 표정이었다.

"죄송하게 됐습니다."

입찰자가 적어서 불안하던 차에 윤응배가 입찰에 참여했다는 것은 매우 고무적인 일이라는 생각이 들었다. 윤응배가 누군가! 경매계에서 알부자로 소문난 고수 중 고수로 알려진 인물이다. 그런 인물이 입찰에 응했다는 것은 물건에 대해 안심해도 된다는 메시지와 같았다. 영수증을 받아든 후 윤응배에게 작별을 고한 후 석환은 경매법정을 빠져나왔다.

"이번에도 됐습니다."

석환은 먼저 정성만에게 전화를 했다.

"그래, 알겠네."

석환은 다시 동진에게 전화를 걸었다.

"어떻게 됐나?"

"아, 형님, 됐어요!"

"연락이 없어서 안 됐는 줄 알았더니, 잘 됐네. 이제 자네도 경매 고수 반열에 올라섰어."

동진은 진심으로 석환의 성장을 기뻐했고 대견하게 여겼다.

"에고, 고수라니요, 별 말씀을요. 어쨌든 지금의 저는 형님이 안 계셨다면 언감생심 꿈도 못 꿀 일입니다. 정말 감사해요, 형님."

"모두가 자네 능력이지. 하지만 항상 매사에 조심하고 겸손해야 돼. 경매라는 건 열 번 잘하다가도 한 번 잘못하면 낭패를 볼 수 있는 거니까."

곁을 지켜주고 사심 없이 조언을 해줄 수 있는 멘토가 있다는 건 행운이었다.

"형님, 진하게 한 번 마셔보죠. 마시고 죽자고요."

석환은 한껏 들떠 있었다. 그러나 아쉽게도 동진은 변호사사무실 사무장들이 정기적으로 다녀오는 연수원 입소계획으로 사흘간 볼 수 없다고 했다.

"아쉽군요, 그럼 올라오시면 연락 주세요."

"그러지."

이튿날, 석환은 뜻밖의 전화를 받았다.

"나, 윤응배입니다. 아시죠?"

석환은 윤응배가 자신에게 왜 전화를 했는지 도무지 감을 잡을 수 없었다.

"아, 네… 안녕하세요? 그런데 어쩐 일로…"

"한 가지 사실을 알려드리려고 이렇게 전화를 걸었습니다."

윤응배는 뜻밖의 사실을 석환에게 알려주었다. 윤응배의 말에 따르면, 석환이 낙찰받은 물건이 토개공에 의해 수용되는 것도 맞고 그에 따라 보상금이 나오는 것도 맞다고 했다. 그러나 이미 그 물건의 소유자의 채권자들, 이를테면 공사업자인 유치권자들과 보증금을 돌려받지 못한 임차인 그리고 기타 채권자들이 보상금에 가압류를 하였다는 설명이었다. 그렇게 되면 장차 낙찰자가 경락 잔금을 납부한다고 해도 낙찰자에게 보상금이 지급될 가망성이 없다는 것이었다. 그리고 자신도 이제야 그런 사실을 알았다는 것이었다. 따라서 잔금을 납부하지 않는 것이 좋을 것이라는 조언이었다.

"그게 사실입니까?"

석환은 소스라치게 놀랐다. 동진에게 설명을 들을 때도 그와 유사한 내용을 들은 기억이 났다. 그렇다면 자신은 헛수고를 한 셈이었다. 아니 헛수고를 넘어 보증금을 몰수당할 수도 있을 거란 생각이 들었다. 이만저만 낭패가 아니었다. 어떻게 해서 번 돈인데 한꺼번에 날리다니! 석환은 현기증이 일었다.

"잘 알아서 판단하시오."

전화는 끊어졌다.

석환은 낙심한 얼굴로 어디론가 전화를 급히 걸었다.

"나 석환이야!"

토개공에 근무하는 친구에게 전화를 한 거였다. 그리고 과연 가압류가 접수된 사실이 있는지 확인을 부탁했다. 친구는 확인 후 전화를 해준다며 끊었다. 초조한 시간이 흘렀다.

"접수는 됐는데."

접수된 사실만 알려 줄뿐 다른 이야기는 없었다. 그도 그럴 것이 토개공에 근무하는 친구는 법률에 관한 지식이 없어 가압류가 무엇을 뜻하는지 알지 못했다.

"접수가 됐다고!"

석환은 숨이 턱 막혀왔다. 제아무리 발버둥 쳐도 가난하게 살 수밖에 없는 유전자를 타고난 것일까… 석환은 절망의 나락으로 떨어지고 있었다. 석환은 급히 동진에게 전화를 했으나 받지 않았다. 몇 번을 걸었지만 통화가 이루어지지 않았다.

몇날며칠 석환은 두문불출했다. 견디기 어려운 자괴감이 그를 옴짝달싹 못하게 만들었다. 석환은 머리칼을 쥐어뜯으며 몹시 괴로워했다.

동진으로부터 전화가 온 것은 그즈음이었다.

"형님!"

동진의 목소리를 듣는 것만으로도 석환은 목이 메었다. 통화가 끝나고 곧바로 석환은 동진의 사무실로 갔다.

"무슨 일이 벌어진 건지 어서 자초지종을 설명해보게."

"윤응배에게서 전화가 왔었어요."

석환이 참담한 표정으로 어렵사리 말문을 열었다.

"윤응배?"

"형님도 아시겠지만 그 물건에 유치권 신고가 돼 있잖아요. 그리고 수용된다는 것도 아시죠?"

"그래서?"

"윤응배가 하는 말이 현 소유자의 채권자들인 유치권자나 임차인들이 부동산이 수용되면서 나올 보상금에 가압류를 했다는 거예요. 그래서 보상금이 나오면 가압류 채권자들이 가져간답니다. 그러니까 절 보고 잔금 납부를 포기하는 편이 좋지 않겠냐고 하더라고요."

"윤응배도 이번에 입찰했었나?"

동진은 뭔가 짚이는 게 있었다.

"저까지 두 명인데, 한 명이 바로 윤응배였어요."

"혹시, 윤응배가 차순위 신고했어?"

"했어요."

"유치권자들이 가압류한 사실은 확인했나?"

"토개공에 있는 친구한테 물어봤어요. 그랬더니 토개공으로 가압류 결정문이 도착해 있다는 거예요."

"참, 집요하고 무서운 친구로군. 그 친구가 돈을 번 이유를 알겠어."

부동산이 수용되면 부동산 소유자에게는 수용기관에 대한 보상금 청구채권(보상금을 받을 권리)이 발생한다. 부동산 소유자의 채권자는 부동산 소유자의 보상금 청구채권에 대해 가압류를 할 수는 있다. 보상금은 부동산이 수용될 당시의 소유자에게 지급을 한다. 따라서 장차 수용될 부동산이 경매로 인해 소유자가 변경되면 변경된 소유자에게 보상금이 지급되고 변경 전 소유자를 채무자로 하여 보상금 청구채권에 가압류한 가압류 채권자들은 그들이 받은 가압류결정문이 무효가 되어 보상금 지급을 받을 수 없게 되는 것이다.

한편 수용되는 부동산상의 부동산등기부등본에 저당권이 설정되어 있는 경우 저당권자는 물상대위권이 있어 누구보다 우선적으로 보상금을 받을 수 있다(저당권자가 물상대위권을 가지고 있더라도 보상금 청구채권에 압류를 해야 한다). 그러나 유치권자는 물상대위권이 없으므로 보상금을 받을 수 없다. 즉 유치권자는 보상금 수령 없이 수용기관에 건물 명도를 해주어야 한다.

"하, 예전에 말씀하신 물상대위권이란 게 그런 거였군요. 그런데 윤응배는 왜 저에게 그런 말을 했을까요?"

"윤응배의 차순위 신고가 열쇠야. 자네가 잔금을 포기하면 자기가 잔금을 내고 경매물건의 소유권을 차지하려는 거야."

"참 어이가 없네요. 그렇게까지 해야 할까요?"

"좋게 생각해 보면 그 사람은 치열하게 열심히 삶을 살아간다고 볼 수 있어. 그건 긍정적인 면이랄 수도 있지 않겠어?"

동진은 석환이 주변의 어려움을 극복해주길 바랐고 윤응배의 행동에 자극을 받았으면 했다.

"그렇지 않아도 여러 모로 괴로워서 포기할까도 생각했어요."

"아무튼 진인사대천명이라고 자네가 할 수 있는 거 모두 해봐야지. 그러고 나서 하늘의 뜻을 기다려야지."

"요즘 느끼는 건데 은행 대출이나 다른 사람의 돈에 의지해서 경매를 한다는 건 참 위험한 일인 것 같아요. 언젠간 반드시 정성만 어른으로부터도 독립을 해야겠다는 생각입니다."

"그래, 그렇게 하나씩 느끼면서 배워가는 거야."

석환은 정성만의 도움으로 김포 북변동 경매물건에 대해 무사히 잔금을 치르고 소유권등기까지 마칠 수 있었다. 임차인들에게는 그대로 건물을 사용하면서 임대료만 내라고 하여 합의를 보았다. 일이 잘 풀리려는지 윤응배가 매수의사를 전해와 5억 원을 얹어 매도하고 성공적으로 정리를 할 수 있었다.

석환은 이번 건에서 낸 수익으로 부천 상동에 소재한 아파트를 낙찰받아 꿈에 그리던 가족들을 불러들였다. 아내와 딸아이의 손을 잡은 석환은 앞으로 절대 가족끼리 헤어지는 일 없게 하겠다고 맹세에 맹세를 했다. 다시 행복이 찾아들었고, 석환은 계속해서 경매 투자에 매진했다.

그러던 어느 날, 석환은 정성만에게 전화를 걸었다.

"사부님, 일전에 제가 말씀드린 마포 물건 검토해보셨습니까?"

사무실에서 물건에 대한 검토를 마친 석환은 전화로 자신과 공동입찰에 참여할 것인지의 여부에 관해 정성만의 의중을 물었다.

"예고등기 뜬 물건 말이지? 검토는 무슨 검토, 자네가 다 알아서 하면 되지."

마포 서교호텔 뒤 먹자골목 코너에 소재한 근린주택이 경매매물로 나왔다. 토지와 건물이 함께 경매에 나왔고 소유자는 김이래, 최초감정가 22억 8,000만원(토지 17억원, 건물 5억 8,000만원)으로 몇 번의 유찰 끝에 최저가가 14억원선으로 떨어졌다. 유찰 이유는 예고등기가 되어 있기 때문이었다. 예고등기란 등기원인의 무효 또는 취소에 의한 등기의 말소 또는 회복의 소가 제기된 경우에 이를 제3자에게 경고하기 위하여 수소법원(소송을 접수한 법원)의 촉탁으로 행해지는 등기를 말한다. 경매에 있어 예고등기가 되어 있는 물건은 일단 입찰을 피하고 보는 경향이 있다. 그 이유는 낙찰을 받아 잔금을 내고 경락자가 소유권을 취득했다고 해도 소송 결과에 따라 경락자가 소유권을 잃을 수도 있기 때문이다. 소유권을 잃게 되면 납부한 경락대금은 해당 경매사건에서 배당받은 채권자를 상대로 일

일이 반환청구를 해야 하는 번거로움이 있고 자칫하면 반환조차 받지 못하는 상황도 발생한다.

"그래도 사부님께서 한번 검토해보시는 게 좋지 않겠습니까?"

"예고등기가 되어 있어서 남들은 피하는 물건인데, 자넨 어떻게 생각해?"

"돈이 될 만한 틀림없는 물건으로 보고 있습니다."

"자네가 그렇게 생각한다면 해야지. 나도 하겠네."

역시 긴 말이 필요 없었다. 정성만은 하겠다는 의사표시만 하고 전화를 끊었다.

석환은 돌다리도 두드려보고 건넌다는 심정으로 동진에게 사무실로 갈 테니 만나자고 했다. 다시 한번 검토 과정을 거칠 요량이었다.

"형님, 권리분석 한번 해줘요. 서부지원 물건이에요."

석환은 동진을 만나자마자 사건번호부터 동진에게 알려주었다.

"소유권 말소 예고등기가 되어 있는 물건이네. 그래서 유찰도 많이 됐고. 거기다가 현재 소유자 겸 피고인 김이래가 패소했고 원고인 곽철한이 승소했는데 판결이 확정됐어. 쉽지는 않겠는데?"

판결이 확정되었다는 것은 더 이상 상급심에서 다투지 않았다는 것이다. 만약 경락자가 소유권이전등기를 하고 난 후 곽철한이 판결문에 기해 김이래의 소유권등기를 말소하고 그 자리에 곽철한이 소유권자로 등기를 하면 경락자는 소유권을 잃는다(김이래의 소유권등기가 원인무효로 말소될 경우).

"형님, 김이래나 경락자가 건물 소유권을 뺏긴다고 보고요. 그렇다면 이 건물이 법정지상권이 성립하는지 봐주세요."

"토지의 근저당권설정일은 2002년도였고, 건물은 2004년도에 신축되었군. 그런데 소유권말소 소송 판결 결과에 따라 건물은 곽철한의 소유로 본다면 건물 신축 당시 토지 소유자와 건물 소유자는 다르다는 결론이 나오네. 그러면 건물 신축 당시 이미 토지에 근저당권설정등기가 되어 있었다는 얘긴데, 그럼 당연히 건물은 법정지상권이 성립될 수 없지."

"그렇지요? 토지주가 건물철거를 구하면 건물은 철거될 수 있잖아요? 그렇게 되면 예고등기 물건이라도 걱정할 게 없잖아요."

"자네 정말!"

동진은 석환이 너무 대견스러웠다. 경매에 있어 권리분석의 중요도는 그리 크지 않다. 중요한 것은 부동산에 대한 이해도인 것이다. 석환의 부동산에 대한 응용력과 이해도는 타의 추종을 불허할 정도로 그 감각이 뛰어났다.

이번 경매 건은 그야말로 바둑에서 말하는 '꽃놀이패'에 해당하는 좋은 물건이랄 수 있었다. 경락을 받고 나서 경락잔금 납부 전에 곽철한이 김이래를 상대로 승소한 소유권 말소소송에 대한 판결문을 첨부하여(타인의 사건이라도 확정된 사건은 판결문을 대법원 규칙에 따라 열람 및 등사 신청을 할 수 있다), 경락자는 건물에 대한 소유권을 잃게 된다는 점을 소명하여 건물 대금에 상당하는 금액만큼 경락대금

감액신청을 할 수 있다. 그러고 나서 토지에 대한 소유권을 갖게 되면 곽철한을 상대로 법정지상권이 성립되지 않는 건물에 대한 철거청구를 할 수 있다. 물론 곽철한과 협의하여 건물을 저렴하게 매수할 수도 있을 것이다. 왜냐하면 건물이 철거된다면 곽철한으로서는 엄청난 손해를 감수해야 하기 때문이다.

예상대로 단독입찰이었으며 곽철한과 협의가 잘 이루어져 잔금을 납부하고 나서 예고등기를 말소한 후 시세에 맞게 매매를 하여 석환은 많은 차익을 남겼다.

석환은 차일피일 미루던 집들이를 해야겠다고 결심했다. 자신을 절망의 나락에서 구해준 사람들에게 감사한 마음을 전하는 자리를 만들고 싶었던 것이다.

동진과 윤정, 정성만, 그리고 멀리서 정동구 어른까지 기꺼이 석환의 집들이에 와주었다. 석환은 아내와 함께 자신의 은인들에게 큰절을 올렸다.

"앞으로 정말 열심히 살겠습니다. 그리고 제게 베풀어주셨던 모든 은혜는 두고두고 조금씩 갚아나가겠습니다. 감사합니다. 감사하고 또 감사합니다."

토요일 오후, 석환의 아파트에선 웃음꽃이 활짝 피어났다.

조선안의 실전경매 이야기

지은이 조선안
펴낸이 김병은
펴낸곳 프롬북스

등록 제313-2007-000021호(2007.2.1.)
1판 1쇄 인쇄 2009년 6월 25일
1판 1쇄 발행 2009년 7월 05일

주소 서울특별시 마포구 성산동 133-7 도원빌딩 307호
문의 02-308-0721
팩스 02-308-7781
전자우편 dogampo2@naver.com

ISBN 978-89-93734-01-0 03320
정가 14,000원